Ingeborg Pilgram-Brückner · Was der Wald erzählt

Ingeborg Pilgram-Brückner

Was der Wald erzählt

Kleine Geheimnisse zum Einsammeln

Mit Illustrationen
von Hanne Rußmann

J. Ch. Mellinger Verlag

Dieses Buch ist ein umweltschonendes Produkt und ist mit dem Nordic Ecolabel („Nordischer Schwan“) zertifiziert.

5. Auflage 2025

Burgholzstr. 25, 70376 Stuttgart
info@mellingerverlag.de
www.mellingerverlag.de

ISBN 978-3-88069-373-9
www.mellingerverlag.de

Was der Wald erzählt

Der Wald weiß viele Geschichten. Einige davon habe ich eingefangen und in diesem Buch aufgeschrieben. Aber den Kindern werden diese kleinen Baumzapfen, Bucheckern, Eicheln oder was der Wald sonst zu bieten hat, noch viel, viel mehr erzählen, als mir. Vor dem Lesen dieses Buches steht jedoch das Einsammeln von Waldfrüchten. Bereits im Frühjahr oder Sommer können wir damit beginnen. Überall in den Wäldern liegen Kiefern- und Tannenzapfen, hie und da auch kleine Lärchenzapfen herum. Nach Baumpilzen sollten wir suchen und nach besonders schönen Steinen. In den Wiesen und am Waldrand gibt es schon bald zarte Gräser zum Trocknen, bei feuchtem Wetter finden wir Moos. Im Herbst kommen dann noch Kastanien, Eicheln, Bucheckern, Hasel- und Walnüsse, Hagebutten, Äpfel und Herbstblätter dazu. Sie alle tragen ein kleines Geheimnis in sich, aus dem eine Geschichte gewachsen ist.

Für diejenigen, die diese Geschichten als Fortsetzung oder in Abwechslung zu meinem Buch „Sternschnuppen vom Nikolaus“ (ebenfalls Mellinger Verlag) verwenden wollen, steht als „Anhang“ noch ein weihnachtlicher Abschluss. Doch zuerst einmal heißt es: in den Wald gehen und die kleinen „Geheimnisse“ einsammeln.

Noch ein Gedanke hat mich zu diesem Buch bewegt: blinden Menschen im Ertasten die Möglichkeit zu geben, den Waldfrüchten und damit dem Wald näher zu kommen. Hier bietet sich eine schöne Aufgabe für Freunde, auch für Kinder, mit dem Sammeln und Vorlesen Freude zu bereiten. Der Wald birgt viele wundersame Kräfte. Er schenkt sie den Menschen, die dafür aufgeschlossen sind.

Ingeborg Pilgram-Brückner

Die Geschichten und wer sie erzählt

Ein Kiefernzapfen auf Reisen

Mitten in einem tiefen Wald, zwischen Eichen, Buchen und Fichten, stand eine kleine Kiefer. Sie war noch nicht sehr hoch gewachsen, aber sie träumte davon, einmal so groß und mächtig zu werden, wie die Bäume um sie herum. Die alte Eiche da drüben, die erzählte der kleinen Kiefer immer wieder von den ziehenden Wolken, von den leuchtenden Sternen. „Zu denen musst du hinaufwachsen", sagte sie, „immer höher hinauf. Ich mache das ebenso, heute noch".

Die kleine Kiefer konnte zwar den Himmel nicht so überblicken wie die Eiche, aber ein paar Wolken sah sie schon. „Ach", seufzte sie, „die sind aber arg hoch". „Nun fang halt mal zu wachsen an", meinte die Eiche, „Bäume müssen Geduld haben, viel, viel Geduld".

Da begann die Kiefer zu wachsen und zu wachsen. Sie wurde stark und kräftig und freute sich an ihren schönen, langen Nadeln. Schließlich wuchsen aus ihren Zweigen sogar kleine Zapfen heraus. Was war da die Kiefer stolz! Sie zeigte die Zapfen jedem, der vorbeikam: den Rehen und Hasen, den Vögeln und Schmetterlingen, und sie zeigte sie natürlich auch der alten Eiche von nebenan. „Gut hast du das gemacht", sagte die, „pass auf, bald werden die Schuppen deiner Zapfen aufspringen und Samen auf die Erde werfen".

Ja, so geschah es dann auch. Ein Zäpfchen nach dem anderen platzte auf und ließ Kiefernsamen auf die Erde rieseln. „Gibt das jetzt lauter Bäume?“ fragte die Kiefer. Die alte Eiche lachte: „Wo denkst du hin! Ein paar Sämlinge können vielleicht in der Erde aufgehen. Die meisten aber werden von den kleinen Waldtieren gefressen“. „Oh“, machte die Kiefer erschrocken. Als sie jedoch sah, wie Vögel, Mäuse und Eichhörnchen diese Samen vergnüglich verzehrten, da freute sie sich darüber, dass sie etwas zu verschenken hatte.

Und dann wuchs sie weiter, immer weiter. Sie bildete neue Kiefernzapfen und warf die alten ab. Bald war der Waldboden unter ihr übersät mit den kleinen, braunen Samenträgern. „Da, nehmt sie nur“, rief die Kiefer den Waldtieren zu, „ich schenke sie euch“. Aber niemand wollte die Zapfen haben. Sie waren nicht zum Fressen geeignet. Nur die Waldwichtel, die in den Baumlöchern saßen, krochen ab und zu heraus und spielten mit den Kiefernzapfen.

Eines Tages kamen Wanderer des Wegs. Ein kleines Mädchen war auch dabei. Es hüpfte den Eltern fröhlich voraus, da sah es plötzlich die Kiefernzapfen liegen. „Sind die schön!“ rief es und wollte sich die Taschen damit voll stecken. Aber die Eltern winkten ab: „Ein Zapfen genügt. Suche dir den schönsten heraus. Die anderen lass bitte liegen“.

Konstanze, so hieß das kleine Mädchen, suchte lange, lange. Die sahen doch alle gleich aus! Endlich hatte sie ihren Kiefernzapfen gefunden. Sie schob ihn in die Tasche und sagte zur Kiefer: „Danke, lieber Baum, ich nehme deinen Zapfen jetzt mit nach Hause“. Dann wanderte sie mit den Eltern weiter.

Für den Kiefernzapfen war es eine weite Reise, bis er in Konstanzes Kinderzimmer landete. Was er dort erlebte und wie er hier noch mit vielen anderen Freunden aus dem Wald zusammenkam, davon handeln die folgenden Geschichten.

Was der alte Stein erzählt

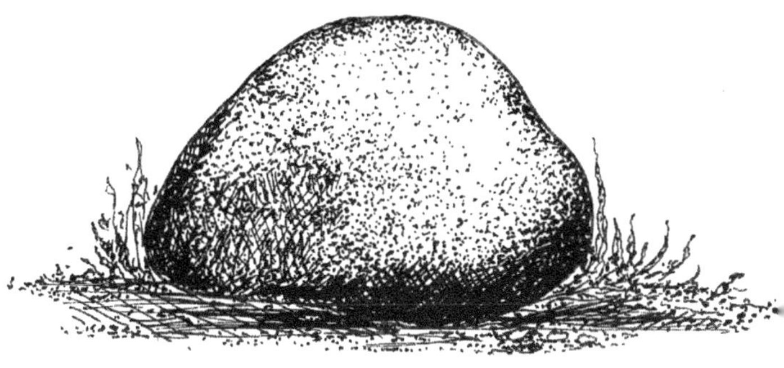

Als Konstanze wieder zu Hause war, legte sie den Kiefernzapfen im Kinderzimmer auf ihr Regal neben den Stein, den sie einmal aus einem Bach gefischt hatte. Es war ein schöner, runder Kieselstein, fast so glatt wie eine Murmel.

„Guten Tag“, sagte der Kiefernzapfen zum Stein. „Guten Tag. Wo kommst du denn her?“ fragte der Stein. „Vom Wald“, antwortete der Kiefernzapfen. „Und du? Woher kommst du?“. „Ich lag einmal in einem Bach“. Der Stein seufzte: „Ach, das ist lange, lange her. Schön war das. Aber das Mädchen, die Konstanze, die hat mich herausgeholt und hierher gebracht. Manchmal spricht sie mit mir. Das freut mich natürlich, und ich möchte ihr auch gern etwas sagen. Aber ich weiß nicht, ob sie mich versteht. Gut, dass du jetzt da bist. Erzähle mir etwas vom Wald, den sah ich meist nur von weitem. Mein Bach floss durch ein Wiesental, weißt du“.

Da erzählte der Kiefernzapfen von den Büschen und Bäumen, die er kannte: von der großen, alten Eiche, von den Buchen, Tannen und Fichten, vor allem aber von der Kiefer, aus der er herausgewachsen war. Er erzählte auch von Pilzen, Farnen und vom Moos, in dem ihn Konstanze gefunden hatte. Dann schwärmte er von den Vögeln und Schmetterlingen, die im Wald herumflogen, und von den Käfern, Würmern und Raupen, die über die Erde krochen. „O, die kenne ich auch“, rief der Stein, „die sind bei uns am Bach und auf der Wiese ebenso zu Hause“.

„Bist du eigentlich im Bachwasser geboren, so wie ich auf dem Zweig meiner Kiefer?“ fragte der braune Zapfen seinen neuen Freund. „Aber nein!“ Der Stein schaukelte hin und her, als ob er sich fortbewegen wollte: „Nein, nein, im Bach bin ich nicht geboren, der hat mich nur immer wieder mitgeschleppt. Ich komme von weit her, bin uralt“.

„So alt wie die dicke Eiche neben meiner Kiefer?“

„Wahrscheinlich bin ich noch viel älter als deine Eiche. Vor undenkbar langer Zeit, ich kann mich kaum erinnern, da habe ich mich aus einem Felsen herausgelöst. Dabei fiel ich ins Wasser und ließ mich von ihm treiben. Es war ein reißender Gebirgsbach, der mich mitnahm, der mich wetzte und abschliff, bis ich so rund wurde, wie ich jetzt bin. Später, viel später kullerte ich in einen Wiesenbach. Dort fand mich Konstanze“.

„Ist es schön im Wasser?“ wollte der Kiefernzapfen wissen.

Der Stein schien darüber nachzudenken. Plötzlich fiel ein Sonnenstrahl ins Zimmer und ließ den Stein aufleuchten. Und dann fing der auf einmal zu singen an. Sein Lied klang hell, wie das Plätschern eines Baches, wie das gluckernde Wellenspiel des Wassers. Dabei wiegte sich der alte Stein träumend im Kreis:

„Wenn des Wassers leichte Wellen
über Steine, Äste schnellen,
durch die Bäche, Flüsse gleiten
bis hinaus zu Meeresweiten,
sprechen sie uns von der Welt,
die sich nur durch Wasser hält.

Wasser ist in jedem Leben,
sind von Wasser stets umgeben.
Wasser heilt und will bewahren,
es birgt Kräfte und Gefahren,
wandelt ständig die Gestalt
und bleibt ewig jung und alt“.

Langsam zog die Sonne ihren letzten Strahl zurück. Der Stein hörte auf zu singen, schwieg und träumte weiter vor sich hin. Dann sagte er leise: „Wasser ist etwas Geheimnisvolles". „Wieso?" fragte der Kiefernzapfen. „Weil es sich selbst verzaubern kann", flüsterte der Stein. „Verzaubern?" Der Kiefernzapfen wollte noch mehr vom Wasser erfahren, von dem Geheimnis , vom Verzaubern.

Der alte Stein lächelte vor sich hin: „Wenn ich verzaubern gesagt habe, dann meinte ich verwandeln. Das Wasser bleibt nicht so, wie wir bleiben, es verwandelt sich immer wieder. Morgen erzähle ich dir eine Geschichte vom Wasser, eine Geschichte, die ich selbst erlebt habe. Aber jetzt sollten wir stille sein. Es ist dunkel geworden draußen. Konstanze wird bald schlafen gehen. Und ich bin mir immer noch nicht sicher, ob sie uns hören kann oder nicht".

Das Geheimnis des Wassers

Am anderen Morgen konnte es der Kiefernzapfen kaum erwarten, bis Konstanze das Zimmer verlassen hatte. Als sie dann endlich allein waren, sagte er zum Stein: „So, jetzt könntest du mir eigentlich deine Wassergeschichte erzählen“. Der Stein schmunzelte vergnüglich vor sich hin: „Die Konstanze da, die ist auch voll Wasser“.

„Wieso ist die voll Wasser?“ fragte der Kiefernzapfen. „Weil in allem, was lebt, Wasser ist: in Menschen, Tieren und Pflanzen. Sogar jede Erdkrume, jeder Gesteinssplitter trägt eine dichtanliegende Wasserhaut. Deine Kiefer hätte ohne Wasser nicht wachsen können, und auch du selbst hast ein wenig Wasser in dir“.

„Spüre ich aber nicht“, meinte der Zapfen. „Die meisten spüren das nicht“, sagte der Stein. Bewundernd schaute der Kiefernzapfen auf den runden Kiesel: „Woher weißt du das alles?“

„Woher? Es wurde mir zugetragen. Der Bach spült so manches herbei, und Wellen sind geschwätzig. Vergiss nicht: ich bin uralt“.

„Erzählst du mir jetzt die Geschichte von dem geheimnisvollen Wasser?“ bat der Zapfen. „Natürlich erzähle ich sie dir. Es ist die Geschichte von einem Regentropfen, einem guten Freund von mir“. Der Stein dachte ein Weilchen nach: „Wie war das gleich...?“ Und dann begann er:

„Ich lag damals am Rande eines Baches, umgeben von Moos. Es war mitten im Sommer, und es regnete ein wenig. Regentropfen fielen ins Wasser, fielen auf mich, fielen ins Moos. Die meisten von ihnen nahm der Bach mit sich fort. Aber da war ein Regentropfen, der hielt sich am Moos fest und blieb beharrlich sitzen. „Gemütlich ist es hier bei euch", lachte er und kuschelte sich tief ins Moos hinein. Dort blieb er dann einige Tage sitzen.

Wir freundeten uns an, und er erzählte mir von seinen Reisen. Stell dir vor, er war schon einmal tief in der Erde drunten, ist dann aber mit einer Quelle wieder herausgesprudelt. Durch Bäche, Flüsse und Seen ist er geschwommen, einmal sogar bis zum Meer. Er kennt die Fische, die im Wasser leben, und er weiß von Schiffen, die sich vom Wasser tragen lassen.

Viel Interessantes hat mein Regentropfen hier auf der Erde erlebt, aber er ließ sich doch immer wieder von der Sonne zum Himmel hinaufziehen und reiste dort mit den Wolken weiter. Einige Mal schwebte er auch im Nebel durchs Land. Er saß schon in einem Blütenblatt und in einem Eiszapfen. Aus einem Kochtopf stieg er als Dampf in die Höhe, und er besuchte die Menschen zu Hause, wenn er mit seinen Freunden aus einem Wasserhahn floss. Dabei verwandelte er ständig sein Aussehen, seine Form.

O, er konnte erzählen, mein Regentropf! Ich bewunderte ihn. Regentropfen sind lustige Gesellen und natürlich viel beweglicher als unsereins. Am liebsten hätte ich es gehabt, wenn er immer im Moos geblieben wäre. Aber eines Tages packte ihn wieder die Reiselust. „Ich besuche dich noch einmal", versprach er mir, aber ich glaubte ihm das nicht: „Die Erde ist groß und weit. Wie willst du mich da finden?"

„Ganz einfach: ich werde als Regentropfen zu dir herunterplatschen oder ich komme im Bach angeschwommen". Nun, ich hatte da meine Zweifel: „Und du glaubst, dass du mich finden wirst, wenn du hoch oben am Himmel in einer Regenwolke schwebst oder wenn dich die Wellen durch den Bach jagen?" Der Regentropfen kicherte: „Wir werden sehen... Versprochen ist versprochen!" Dann sprang er in den Bach, der ihn plätschernd mit sich forttrug.

Traurig schaute ich ihm nach. Es war eine kurze, aber doch sehr herzliche Freundschaft gewesen. Und obgleich ich nicht an ein Wiedersehen glaubte, wartete ich auf meinen Regentropfen. Ich wartete viele Jahre, schaute im Bach, suchte im Regen und Nebel nach ihm, aber er tauchte nicht mehr auf. Enttäuscht versuchte ich, ihn zu vergessen, doch auch das gelang mir nicht.

Dann kam ein kalter Winter. Das Wasser im Bach fror und bald darauf schneite es. Dicke Flocken fielen vom Himmel. Eine von ihnen wirbelte seltsam um mich herum, bis sie schließlich auf mir Platz nahm. „Da bin ich, wie versprochen!" rief die Schneeflocke. „Erkennst du mich wieder? Ich habe ein weißes Kleid angezogen. Gefällt es dir?"

Tatsächlich, das war mein Regentropf! Wir freuten uns beide aneinander. „Wie hast du mich gefunden?" fragte ich. Der in eine Schneeflocke verwandelte Regentropfen wurde etwas verlegen: „Viele Jahre habe ich herumgesucht, ohne dich zu finden. Und heute hat mich die Schneewolke einfach abgeschüttelt. Es ist wie ein Wunder! Ich weiß nicht, ob ich so etwas noch einmal schaffe". Dann lachte mein Regentropf: „Weißt du was, ich werde jetzt an dir festfrieren, dann haben wir viel, viel Zeit füreinander".

So kam es dann auch. Mein weißer Freund blieb den ganzen Winter bei mir, bis ihn im Frühling die Sonne auftaute und er mit dem Bach wieder davonzog."

Der Stein schwieg. „Danke", sagte der Kiefernzapfen, „das war eine schöne Geschichte, wenn sie auch etwas traurig ausging". „Ach", machte der Stein, „so traurig ist das nun auch wieder nicht. Wasser kann halt nicht bleiben, wie wir. Es muss wandern, muss sich immer wieder verwandeln, sich verzaubern oder verzaubern lassen.

Das ist ja gerade das Wunderbare, das ewige Geheimnisvolle des Wassers“.

„Aber hier im Zimmer wird dir dein Regentropfen wohl jetzt nie mehr begegnen“, bedauerte der Kiefernzapfen. Der alte Stein lächelte wieder vergnüglich vor sich hin: „Das weiß man nie. Die Welt ist voller Wunder“.

Durch die Geschichte vom Regentropfen waren der Stein und der Kiefernzapfen so angeregt worden, dass sie an diesem Tag fast ohne Unterbrechung miteinander schwatzten. Nur wenn Konstanze ins Zimmer kam, blieben sie still. Und dann hatte der Stein auf einmal eine tolle Idee: „Die Konstanze schleift immer mal wieder etwas an. Was meinst du, wenn jeder, den sie zu uns bringt, zunächst einmal eine Geschichte erzählen müsste?“ „Au ja!“ Der Kiefernzapfen war so begeistert davon, dass er fast vom Regal gefallen wäre. Ja, und dann waren die beiden gespannt, ob Konstanze von ihrem nächsten Waldspaziergang wohl wieder etwas mitbringen würde, etwas, das eine Geschichte erzählen könnte...

Wurzelwichte im Eichenstamm

Sonntagnachmittag. Konstanze kam ins Kinderzimmer. Sie war wohl im Wald gewesen. Man sah es an ihren Schuhen. Aber mitgebracht hatte sie nichts. Enttäuscht blickten der Stein und der Kiefernzapfen zu ihr hinüber. Sie zog gerade ihre schmutzigen Stiefel aus und Hausschuhe an. Dann kam sie zum Regal, steckte ihre Hand in die Tasche und... zog eine Eichel heraus, eine kleine Eichel, die sie neben den Stein und den Kiefernzapfen legte. „Die... die..., die ist ja von dem großen Eichbaum, der neben meiner Kiefer steht“, stotterte der Kiefernzapfen.

„Hallo“, hauchte die Eichel. „Herzlich willkommen“, sagte der Stein, „erzähle uns etwas von deiner Eiche. Das ist bei uns so üblich“.

„Von meinem Eichbaum?“ Die Eichel wunderte sich. „Was soll ich euch da sagen? Das ist ein mächtiger Baum. Er trägt viele Früchte, die er abwirft. Und die werden dann von den Tieren des Waldes gefressen: von den Rehen, den Eichhörnchen und vor allem von den Wildschweinen. Oft kommen auch Eichelhäher. Die holen sich die Eicheln und fliegen mit ihnen davon. Und wenn sie eine Eichel irgendwo fallen lassen, dann wächst dort später ein Eichbaum“.

„Du, das wissen wir alles schon“, sagte der Kiefernzapfen, „ich bin doch neben deiner Eiche aufgewachsen. Eine Geschichte möchten wir hören, eine richtige Geschichte“. „Hm, Geschichten über Eichen gibt es viele“, erklärte die Eichel, „bei den Germanen und bei den

Kelten galt die Eiche als heiliger Baum. Und in alten Sagen heißt es, dass im Eichenlaub Gutes, Heilendes, aber manchmal auch Böses steckt. Mit den Eichbäumen wurden früher ab und zu Zaubereien getrieben".

„Aha", plapperte der Kiefernzapfen, „da sind wir also wieder mal beim Verzaubern". „Das ist keine Geschichte, das ist eine Beschreibung", meinte der Stein, „hast du keine Geschichte auf Lager?" „Doch", sagte die Eichel, „ich habe eine Geschichte, die ich euch erzählen kann. Die fängt jedoch gerade mit so einer Sage an. Da hatten früher die Leute etwas Seltsames geglaubt: Wer in der Christnacht das Ohr an einen Eichenstamm legt, der hört die Engel singen. So erzählten sie sich. Und nun hört meine Geschichte:

Zu eben dieser Zeit lebte der kleine Florian mit seinen Eltern in der Nähe eines Waldes. Florian liebte den Wald. Er kannte die Bäume und Büsche, die Pilze und Farne und viele andere Pflanzen. Und wenn er durch den Wald streifte, gab er Acht, dass er nichts unnötig zertrat oder zerbrach. Kurz vor Weihnachten hatte ihm die Großmutter von den Englein erzählt, die in der Christnacht im Stamm der Eichen zu hören wären. Nun, das wollte Florian doch selbst einmal erkunden. Endlich kam der Heilige Abend. Als der Kirchgang und die Bescherung im Haus vorbei waren und sich die Familie schlafen gelegt hatte, schlich sich Florian heimlich davon. Gleich am Waldrand stand eine große, dicke, alte Eiche. Die hatte Florian schon immer bewundert. Er lief auf sie zu, schaute sich aber immer wieder um. Unheimlich war ihm schon ein wenig.

Dann stand er vor der Eiche. Und da war auf einmal alle Angst verschwunden. Die Englein...? Florian legte sein Ohr an den dicken Stamm. Tatsächlich, da drinnen raunte und wisperte es. Aber das klang eigentlich nicht gerade nach Engelsstimmen. Plötzlich knarrte es im Holz. Erschrocken schaute Florian auf. Da sah er neben sich einen putzigen Wicht stehen. „Na, du Menschenkind", lachte der Wicht, „du wolltest wohl die Englein singen hören. Ach, was sich die Leute da so erzählen! Glaub‘ es ihnen nicht! Die Engel sind doch nicht in einem Eichbaum zu finden. Was hier drinnen im Stamm so flüstert und wispert, das sind wir“.

„Und wer seid ihr?“ fragte Florian. Der Kleine strahlte: „Wurzelwichte sind wir. Jeder Baum hat seinen eigenen Wurzelwicht, aber in den alten Eichbäumen sitzen viele, viele“. Dann klatschte er dreimal in die Hände. Da purzelten sieben Wurzelwichte aus dem Stamm heraus. Die tanzten um die Eiche herum und sangen:

„In den Bäumen, dicht an dicht,
sitzt so mancher Wurzelwicht,
schaut sich stumm, fragend um,
denkt: wie dumm, ach, wie dumm,
finden selbst die klugen Leute
in den großen Wäldern heute
mich, den Wicht,
leider nicht“.

Florian staunte: „Ich habe auch nicht gewusst, dass in den Bäumen Wurzelwichte wohnen“. „Bst“, machte einer der Kleinen, „das darfst du auch niemandem verraten“. Und ein anderer meinte: „Wir haben uns heute nur deshalb gezeigt, weil wir wissen, dass du den Wald liebst und dass du mit den Pflanzen und all den kleinen Tieren vorsichtig umgehst“. Florian schaute die putzigen braungrünen Kerlchen verwundert an: „Was tut ihr denn in den Bäumen?“ Jetzt redeten die Wichte alle durcheinander: „Wir leiten das Wasser in ihre Wurzeln“. „Wir holen Kräfte aus der Erde“. „Wir ziehen Sonnenwärme in den Baum hinein“. „Und die Strahlen vom Mond und von den Sternen“.

Florian dachte an die Geschichte, die ihm die Großmutter erzählt hatte, und fragte: „Und das macht ihr immer in der Christnacht?“ Die Wichte kicherten: „Nein, das machen wir das ganze Jahr über. Du kannst uns auch im Sommer besuchen. Lege dein Ohr nur an den Baumstamm, dann werden wir mit dir sprechen“. Kurz darauf waren die Wichte plötzlich verschwunden. Florian eilte nach Hause und kuschelte sich in sein Bett. Und er nahm sich vor, niemandem etwas von seiner Begegnung mit den Wurzelwichten zu erzählen.

Im nun folgenden Frühjahr und Sommer ging der Junge immer wieder zum alten Eichbaum. Er legte sein Ohr an den Stamm und horchte auf die Stimmen der Wurzelwichte. Manchmal kamen sie auch heraus, sprachen mit ihm. Und sie erklärten ihm die Pflanzen, die er noch nicht kannte oder zeigten ihm, welcher Pilz giftig ist und welcher nicht. Florian war glücklich über diese Freundschaft, aber er hütete sie als ein großes Geheimnis.

Eines Tages jedoch wurde er von anderen Jungen des Dorfes beobachtet, wie er in den Eichenstamm hineinhorchte. „Was ist denn da drinnen?" wollten sie wissen. „Nichts", sagte Florian. Sie schubsten ihn weg: „Und ob da was drin ist! Na, sag' es schon!" „Vielleicht ein Schatz", meinte einer der Knaben. „Dann müssen wir die Rinde aufhacken", schlugen die Kerle vor. „Nein, bitte tut das nicht", rief Florian, „da drinnen wohnen Wurzelwichte".

Ach, jetzt war's heraus. Er wollte es doch nicht sagen. Die anderen Jungen aber bogen sich vor Lachen. Sie stießen mit den Füßen an den Stamm der Eiche und grölten: „Kommt heraus, ihr Wurzelwichte, wenn es euch überhaupt gibt, kommt heraus. Wir wollen euch sehen!" Dann rannten sie lachend und kreischend zurück ins Dorf. Florian aber blieb vor dem Eichbaum sitzen und weinte.

Noch einmal kroch ein Wurzelwicht aus dem Stamm. Er tröstete Florian: „Du hast unsere Wohnung zwar verraten, aber nur, um unseren Baum zu schützen. Wir werden in Zukunft so leise sein, dass die Menschen unsere Stimmen nicht mehr hören können, auch du nicht. Aber wir werden dich begleiten, wenn du im Wald bist. Wir werden dich begleiten und beschützen, dir hie und da ein Zeichen geben. Vielleicht kannst du dann spüren, dass wir um dich sind". Damit verschwand der Wurzelwicht und war nie mehr zu sehen. Seit dieser Zeit ist es stille geworden in den Stämmen der Eichen.

Aber der Wald raunt diese Geschichte immer wieder, leise rauschend, durchs Laub der Bäume“.

„Schade, dass man in euren Bäumen jetzt nichts mehr hören kann“, sagte der Stein. „Ja, das finde ich auch“, meinte die Eichel, „dabei wohnen die Wurzelwichte immer noch in meiner Eiche“. „In meiner Kiefer sitzt auch einer“, bemerkte der Kiefernzapfen, „manchmal ist er doch deutlich zu hören. Die Menschen sollten halt wieder in die Bäume hineinhorchen. Aber wie sagen wir's ihnen?“ – Darüber sprachen die drei dann noch den ganzen Tag. Sogar als Konstanze ins Zimmer kam, schwatzten sie weiter.

Die drei frühreifen Kastanien

Dieses Mal mussten der Stein, der Kiefernzapfen und die Eichel nicht lange warten. Schon am nächsten Tag legte Konstanze eine Kastanie zu ihnen aufs Regal. Die fühlte sich dort sogleich wohl. „Schaut nur, wie glatt ich jetzt bin“, rief sie, „ihr hättet mich gestern sehen sollen, da hatte ich noch einen grünen Mantel um mit Stacheln dran“. „Stacheln hast du gehabt?“ wunderte sich der Kiefernzapfen, „das kann ich mir gar nicht vorstellen“.

„Ach, weißt du, die Stacheln gehörten nur zu meinem Mantel. Und stechen konnten die auch nicht richtig, dazu waren sie viel zu weich“. Der Kiefernzapfen rutschte ein wenig näher an die Kastanie heran: „Aber jetzt bist du schön glatt und glänzend“. „Nun stell‘ dich erst mal vor“, meinte der Stein.

„Wieso? Mich kennt doch jeder. Aber, wenn ihr es genau wissen wollt: Ich heiße Kastanie und bin auf einem großen Baum gewachsen. Mein Kastanienbaum blüht in Frühjahr wunderschön, wie mit leuchtenden Kerzen geschmückt. Dann treibt er Früchte, die er im Herbst abwirft. Sie sind zunächst grün und stachelig. Wenn sie später am Boden zerplatzen, kullern Kastanien heraus. So, das bin ich“.

Alle lachten. „Das war kurz und gut“, befand der Stein, „wenn du uns jetzt noch eine Geschichte erzählen könntest...“ Die Kastanie war gleich bereit: „Kann ich. Was denkt ihr, wie gerne die Menschen

Kastanien sammeln, Kinder und Erwachsene. Und was mein Baum da so alles erfährt! Aber euch werde ich jetzt die Geschichte von Knicks, Knacks und Knucks erzählen, die Geschichte der drei frühreifen Kastanien. Also hört her:

Knicks, Knacks und Knucks waren drei kleine Katanien, die am Ast eines großen Baumes dicht beisammen hingen und warteten, bis sie reif wurden. „Wisst ihr was“, sagte Knucks zu Knicks und Knacks, „wir wollen schnell wachsen, damit wir bald vom Baum fallen. Dann lesen uns die Kinder auf und zeigen uns als die ersten Kastanien des Jahres überall herum“. Knicks und Knacks waren begeistert. „Aber wir wollen den anderen Kastanien an unserem Baum nichts davon erzählen“, flüsterte Knacks, „sonst wollen die auch die Ersten sein“.

Von da an sogen die drei Kastanienfreunde kräftig Saft aus ihrem Zweig heraus, so dass sie schon in kurzer Zeit groß und dick wurden. „Schaut nur meine schönen, grünen Stacheln an“, sagte Knicks, „die Kinder werden mich für einen Igel halten“. „Habt ihr schon euer braunes Mäntelchen über eurem Kern angezogen?“ fragte Knucks die beiden Freunde. „Schon lange“, erwiderten Knicks und Knacks. „Dann können wir es ja wagen“, meinte Knucks. „Ich hab‘ doch ein wenig Angst, mich so tief hinunterfallen zu lassen“, maulte der etwas schüchterne Knicks. „Du bist ein Feigling. Einmal musst du ja doch auf die Erde purzeln. Ewig kannst du nicht am Baum hängen bleiben“, schimpfte Knacks. „Beim nächsten Windstoß lassen wir uns fallen – basta!“ befahl Knucks.

So kam es, dass plötzlich...knicks...knacks...knucks...drei Kastanien vom Baum fielen. Unten auf dem Boden zerplatzten ihre grünen, stacheligen Hüllen, und die drei braunen Gesellen kullerten heraus. „War doch nicht so schlimm, wie ich dachte“, seufzte Knicks erleichtert auf. „Ich bin gespannt, wann uns das erste Kind entdeckt“, sagte Knucks. „Ich freue mich schon darauf“, rief Knacks vergnügt.

Aber die drei hatten sich zu früh gefreut, denn keine Kinder, sondern zwei alte Damen kamen des Wegs. Eine der beiden bückte sich und hob die Kastanien auf. „Schau nur, Katharina“, sagte sie zu ihrer Freundin, „schau nur, da liegen gerade drei Kastanien. Die nehme ich mit nach Hause und lege sie meinem Friedrich ins Bett. Drei Kastanien sollen nämlich gut gegen Rheumatismus sein“. „Was du nicht sagst, und gerade drei“, wunderte sich die andere. „Ja, gerade drei, nicht mehr und nicht weniger. Das ist ein bekanntes Heilmittel“.

Und damit landeten die drei Kastanien am Fußende von Großvaters Bett, während ihre Kameraden noch fröhlich am Baum hingen und mit den Herbstblättern an den Zweigen tanzten. „Ist das ein trauriges, langweiliges Leben“, klagte Knicks, „da wollte ich doch noch lieber in einer Mülltonne sein. Die alten Konservendosen sind wenigstens unterhaltsame Geschöpfe, aber diese Bettfedern! So etwas Verschlafenes ist mir noch nicht begegnet“. „Ein Glück, dass wir wenigstens zu dritt hierher gekommen sind“, meinte Knacks. Knucks sagte gar nichts mehr.

Es vergingen einige traurige Tage. Da wurde Großvater wieder einmal vom Rheumatismus geplagt. „Deine Kastanien helfen gar nichts“, erklärte er der Großmutter, „ist doch alles nur Aberglaube“. Er nahm die drei Kastanien aus dem Bett und legte sie auf den Küchentisch. Dort entdeckte sie Lena, die kleine Enkelin: „Opi, darf ich die haben?“ Der Großvater lachte: „Aber natürlich. Was willst du denn damit machen?“ „Das gibt Sessel für meine Puppenstube“, sagte die Kleine. Lena bat ihre Großmutter um Stecknadeln und Wolle. Dann steckte sie in jede Kastanie vier Nadeln hinein als Stuhlbeine und darüber zwei Nadeln als Lehne, die sie noch mit Wolle umwickelte. „Au“, schrien Knicks, Knacks und Knucks, denn das piekte ein wenig. Aber sie hielten still, denn sie freuten sich, nun endlich bei einem Kind zu sein. „Das hast du fein gemacht“, lobte der Großvater. „Nicht wahr!“ Lena klatschte in die Hände: „Wenn ich noch mehr Kastanien finde, dann mache ich dir eine Pfeife und Omi bekommt eine lange Kette“.

Knicks, Knacks und Knucks wurden also schließlich zu Kastaniensesseln für eine Puppenstube. Später hat das kleine Mädchen noch mehr Kastanien gesammelt. Die meisten davon fand es unter dem Baum, von dem auch Knick, Knacks und Knucks stammten. Das gab eine fröhliche Begrüßung! Und die drei frühreifen Kastanien waren glücklich und zufrieden, dass sie wieder zusammen waren mit ihren alten Freunden von dem großen Kastanienbaum".

„Und dich hat nun auch ein Kind aufgelesen", sagte die Eichel, als die Geschichte zu Ende war. „Ja", strahlte die Kastanie, „aber vor allem freue ich mich, dass ich hier bei euch bin".

Das Geschenk der Buche

Die Blätter an den Bäumen draußen hatten sich schon leicht gefärbt, da brachte Konstanze ein schönes, buntes Ahornblatt mit. Aber der Kiefernzapfen, der Stein, die Eichel und die Kastanie warteten vergebens auf den neuen Gast. Konstanze hatte etwas anderes mit ihm vor. Zuerst klopfte sie mit einer Kleiderbürste ein paar Mal auf das Blatt, dann legte sie es vorsichtig in ein dickes Buch. Patsch, zu! "So, jetzt wirst du gepresst“, sagte das Mädchen.

„Armes Blatt“, meinte der Kiefernzapfen. Der Stein war anderer Ansicht: „Wart's ab, bis es wieder herauskommt, dann ist es wunderschön zart und auch haltbar“. „Aber bis dahin kann es uns nichts erzählen“, bedauerte die Kastanie. Doch dann kam die große Überraschung. Konstanze zog etwas aus der Tasche, das sie aufs Regal legte. Es war ein kleines, braunes Ding und sah aus wie eine Glocke mit Stacheln dran. „Passt auf, die stechen“, warnte die Kastanie. „Nein, ich tu niemandem weh“, wehrte sich das Kleine, „ich bin doch nur die Hülle eines Buchensamens“.

„Stimmt“, rief der Kiefernzapfen, „solche kleinen Dinger fallen immer von der Buche herunter, die neben meiner Kiefer steht. Dann bist du also eine Buchecker“. „Ja, das bin ich. Das heißt, ich bin eigentlich nur der Fruchtbecher einer Buchecker, ihre Hülle“. „Wir sagen trotzdem Buchecker zu dir“, schlug der Stein vor. Dann fragte er: „Kannst du uns vielleicht eine Geschichte erzählen? Weißt du, jeder, der hier ankommt, schenkt uns zuallererst eine Geschichte“.

„Das kann ich schon“, sagte die Buchecker, „unsere Buche hat uns viele Geschichten erzählt, als wir an ihren Zweigen hingen. Eine davon hat mir besonders gefallen“. „Lass sie hören“, bat der Stein. Leise, mit zunächst traurigem Ton, begann die Buchecker:

„Es gab einmal eine Zeit nach einem bösen Krieg, da hungerten die Menschen in den Städten dieses Landes. Scharenweise zogen sie hinaus in die Wälder und sammelten Bucheckern, aus denen sie sich Öl pressen ließen. Zu den Sammlern in unserem Wald gehörte damals auch eine junge Frau mit einem kleinen Kind. Sie war dünn und ausgehungert und hatte nicht viel Kraft in sich. Und außerdem musste sie noch auf das Kleine aufpassen. So kam es, dass sie nur wenig sammeln konnte. Die anderen Leute schnappten ihr die meisten Bucheckern weg. Mit vollen Eimern gingen sie nach Hause, während in dem Eimer der jungen Frau nur ein paar Hände voll der nährenden Früchte lagen. Verzweifelt setzte sie sich unter meine Buche und weinte.

Mein Baum aber hatte Mitleid mit dem schwachen Menschenkind. Er bat die Wurzelgeister und Waldfeen um ihre Hilfe und erflehte sich von der schon untergehenden Sonne eine Zauberkraft. Und tatsächlich, alle halfen mit. So gelang es meiner Buche, in fast Windeseile neue Früchte zum Reifen zu bringen und der jungen Frau vor die Füße zu werfen. Die blickte überrascht zum Baum empor: „Das ist ja wie ein Wunder...“

Dankbar und glücklich sammelte sie die vielen Bucheckern ein. Das gab bestimmt einen Liter Öl, Nahrung für sie und ihr Kind! Als ihr Eimer bis zum Rand voll war, umarmte sie den Stamm der Buche: „Danke, du wunderbarer Baum. Du hast meinem Kind und mir das Leben gerettet. Ich werde dich nie vergessen“. Und weil sie sich immer an den Baum erinnern wollte, nahm sie auch noch ein paar Fruchtbecher, Hüllen der Bucheckern, so wie ich eine bin, mit nach Hause.

Später, als es wieder genügend zu essen gab und die Menschen in diesem Land nicht mehr wussten, was Hunger ist, da hat die Frau die Geschichte von dem Segen der Bucheckern ihren Kindern und Enkeln erzählt. Und in ihrem Garten stehen heute drei Buchen, gezogen aus den Samen meines Baumes. Woher ich das weiß? Nun, diese Frau kommt immer und immer wieder in den Wald zu meinem Baum. Sie spricht mit ihm, und sie erzählt ihm, wie seine Buchenkinder in ihrem Garten immer weiter in die Höhe wachsen. Jetzt ist sie schon alt, diese Frau, aber den nährenden Baum hat sie nie vergessen."

„Schön, dass es noch solche dankbaren Menschen gibt", sagte der Stein, „aber nun, kleine Buchecker, sei herzlich willkommen in unserem Kreis".

Der Haselbusch und die Dürrhexe

Eines Tages brachte Konstanze zwei Nüsse daher, die sie aufs Regal legte: Eine dicke, runde Walnuss und eine schmale Haselnuss. Natürlich mussten die beiden gleich eine Geschichte erzählen. „Fang‘ du an“, sagte die Walnuss, „man soll die Kleinen immer vorlassen“. „Von mir gibt es nicht viel zu berichten“, begann die Haselnuss, „Ich schmecke gut. Viele Tiere mögen mich und die Menschen auch. Das wäre eigentlich schon alles über mich. Aber mein Haselbusch, das ist ein geheimnisvoller Strauch mit Zauberkräften“. Und dann fing die Haselnuss zu erzählen an:

„Es gab einmal eine Zeit, da kämpfte eine Dürrhexe mit den Quellgeistern eines Waldes. Die Dürrhexe wollte Trockenheit. Sie hasste die Quellgeister, und sie hasste die Wälder, die mit ihren hohen Bäumen Feuchtigkeit sammelten und speicherten und dadurch die Quellgebiete unter der Erde schützten. Am liebsten hätte sie es gehabt, wenn in der Sommerhitze alle Büsche und Bäume verbrennen würden. Aber so sehr sie auch immer wieder versuchte, die heißen Sonnenstrahlen auf trockene Waldstellen zu lenken, ein richtiger Waldbrand gelang ihr dadurch nicht.

Nun stand damals auf einer kleinen Wiese in der Mitte eben dieses Waldes ein großer Haselstrauch. Er war ziemlich rasch emporgewachsen, grünte selbst bei starker Hitze und trug im Herbst reichlich Früchte. Das kam wohl daher, weil sich unter ihm ein Quellgebiet ausbreitete und weil er sich mit den Quellgeistern angefreundet hatte. Das ärgerte die Dürrhexe. Immer wieder blies sie heiße Luft auf ihn herunter und schrie: „Die Ruten der Haselsträucher gehörten früher den Hexen. Und was tust du?! Du hast Freundschaft mit den Quellgeistern geschlossen, mit meinen Feinden. Ich werde dich vernichten!" Der Haselbusch kümmerte sich nicht darum und breitete weiter seine Zweige über das Quellgebiet.

Die Dürrhexe setzte ihre ganze Kraft ein, um diesen Haselbusch auszutrocknen. „Schickt mal eure Hitze allein auf den Haselbusch", rief sie den Sonnenstrahlen zu. Aber die folgen ihr nicht so, wie sie es wollte. Da kam ihr eines Tages der Zufall zu Hilfe. Sie fand am Waldrand eine Glasscherbe. Irgend jemand musste sie dort weggeworfen haben. Das kam der Dürrhexe gerade recht. Mit dieser Glasscherbe fing sie die Sonnenstrahlen ein und leitete sie genau auf den Haselbusch. Mit viel Geduld schaffte sie es schließlich, dass die unteren Zweige dürr wurden und zu glimmen begannen. „Jetzt hab' ich dich", freute sich die Dürrhexe, „ich werde dich verbrennen, vernichten!"

Zu eben dieser Zeit machte der Förster Matthias seinen Gang durch den Wald. Als er zur Waldwiese kam, wehte ihm ein scharfer Geruch entgegen. „Hier brennt es doch irgendwo", dachte er erschrocken und suchte die Gegend ab. Bald sah er den glimmenden Zweig des Haselstrauches. Rasch lief er darauf zu und trat das Feuer aus. „Danke", sagte der Haselbusch. Die Dürrhexe aber wurde wütend. „Das sollst du mir büßen", fauchte sie den Förster an, „ich werde dein Haus anzünden". Aber Matthias lachte nur: „Dafür bist du zu schwach, Dürrhexe, da braucht es andere Gewalten. Es wird eh bald ein Gewitter geben und regnen, und dann hast du nichts mehr zu melden".

So kam es dann auch. Gewitterwolken zogen auf, es blitzte und donnerte, und dann schüttete es Wasser vom Himmel herunter. Der Wald, die Wiesen, die Erde sogen es dankbar in sich auf. Die Dürrhexe aber floh, so weit sie nur konnte.

Einige Tage nach diesem Ereignis besuchte Matthias noch einmal den Haselbusch auf der Waldwiese. Plötzlich stand ein eigenartiger Wicht vor ihm. Er war fast durchsichtig und schillerte in den Farben des Regenbogens. „Ich bin ein Quellgeist“, stellte sich der Wicht vor, „du hast unseren Freund, den Haselstrauch, gerettet. Wir wollen dich belohnen“. „Belohnen? Wieso denn das?“, wunderte sich der Förster. „Es war für mich doch selbstverständlich, den Haselbusch zu retten“.

„Und gerade deshalb wollen wir dich belohnen“, erklärte der Quellgeist, „gib Acht, zuerst das Geschenk des Haselstrauches: schneide von dem Strauch einen langen Zweig ab und zwar einen Zweig, der sich teilt, wie eine Gabel. Du musst da schon ein wenig suchen, bis du so einen Zweig findest“. „Und was soll ich damit?“ fragte der Förster. Der durchsichtige Wicht lächelte geheimnisvoll: „Das ist eine Wünschelrute. Und nun kommt unser Geschenk, das Geschenk der Quellgeister: Mit dieser Wünschelrute kannst du unterirdisches Wasser finden. Halte den abgeschnittenen Zweig mit deinen beiden Händen an der Gabel fest und gehe übers Land. Dort, wo Wasser zu finden ist, wird sich die Rute zur Erde neigen. An dieser Stelle kannst du dann einen Brunnen graben. Die Wünschelrute zeigt auf unterirdisches Wasser“.

Matthias suchte den Haselbusch lange ab, bis er einen Zweig gefunden hatte, den er zur Wünschelrute machen konnte. Der Quellgeist schaute ihm dabei zu und lächelte vor sich hin. Als Matthias ihn noch etwas fragen wollte, zerfloss der Wicht jedoch, wurde zu Wasser und verschwand in der Erde. Die Sache mit der Wünschelrute aber klappte wunderbar. Mit ihrer Hilfe fanden nicht nur Matthias, sondern nach ihm noch viele andere Menschen Wasseradern und konnten Brunnen graben lassen. – Ja, und dass ihr es wisst, noch heute gibt es Wünschelruten aus Haselzweigen. Mein Haselbusch ist wunderbar und geheimnisvoll“. Dann wandte sich die Haselnuss an die Walnuss: „So, und nun bist du dran mit erzählen“.

Eine goldene Nuss

„Mich hat übrigens die Konstanze nicht im Wald gefunden“, gab die Walnuss zu, „obwohl mein Baum ganz nahe am Waldrand steht. Ihr Freund, der Nico, hat mich ihr geschenkt. Bei dem lag ich in einer großen Schale mit noch vielen anderen Nüssen. Eine goldene Nuss war auch dabei. Was wir da erlebt haben! Na, ihr werdet staunen!“ Und dann erzählte die Walnuss die Geschichte vom Nussknacker:

„Auf dem Schrank in Nicos Zimmer stand ein Nussknacker. Lustig sah er aus mit seinem roten Wams und seiner schwarzen Mütze. Nico hatte ihn von seinem Großvater zum Geburtstag bekommen und wollte jetzt ausprobieren, ob der hölzerne Kerl auch tatsächlich Nüsse knacken konnte. Er holte ihn vom Schrank herunter und stellte ihn neben einen Teller mit Nüssen. Dann nahm er eine Nuss, steckte sie dem Nussknacker zwischen die Zähne und drückte den Hebel herunter: „Knack!“ Die Nuss war zerplatzt.

Auch die zweite und dritte Nuss zerbiss der hölzerne Gesell ohne Schwierigkeiten. Doch bei der vierten wollte er nicht mehr. „Die ist mir zu hart. Nimm eine andere“, sagte er zu dem Jungen. Das tat Nico dann auch. Er kramte in dem Teller herum und suchte immer wieder nach Nüssen, von denen er meinte, dass sie nicht zu hart seien. Da plötzlich entdeckte er eine goldene Nuss. Vorsichtig nahm er sie aus dem Teller heraus. „Nanu, wer hat denn dich dazwischen gelegt?" wunderte sich der Junge. Zum Nussknacker aber sagte er: „Die bekommst du nicht“.

In diesem Augenblick rief die Mutter. Sie war gerade beim Plätzchen backen, und Nico freute sich aufs Teigschlecken. Deshalb ließ er die Nüsse und den Nussknacker einfach stehen und rannte in die Küche. Der Nussknacker schaute ihm verärgert nach: „Warum bekomme ich dieses goldene Ding da nicht? Gerade das hätte mich interessiert".

Die Nüsse auf dem Teller kicherten: „Weil das eine Weihnachtsnuss ist, und die darf kein Nussknacker knacken". „Wieso ist das eine Weihnachtsnuss?" wollte der Nussknacker wissen.

„Weil sie ein Geheimnis in sich trägt".

„Was für ein Geheimnis?"

„Das verraten wir dir nicht".

Eine dicke braune Nuss tat sich besonders hervor: „Im Grunde tragen wir Nüsse ja alle ein Geheimnis in uns, weißt du".

„Pah", machte der Nussknacker und klappte seinen breiten Mund auf und zu, „pah, davon habe ich noch nichts gemerkt".

Die dicke Nuss lachte: „Das ist wieder mal typisch: du knackst ein Geheimnis auf und verstehst es nicht einmal. Du bist ja schon fast wie die Menschen".

Das ärgerte den Nussknacker nun wieder: „Wieso? Wieso knacke ich ein Geheimnis auf? Die Nusskerne sind doch kein Geheimnis. Oder?"

„Und ob die ein Geheimnis sind", rief die dicke Nuss, „in unseren Kernen steckt das Geheimnis des Lebens".

„Versteh' ich nicht", gestand der Nussknacker, „erkläre mir das doch einmal näher".

Nun, wie kann man einem Nussknacker das Geheimnis des Lebens erklären? Die dicke Nuss wälzte sich auf dem Teller hin und her. Sie fragte auch die anderen. Schließlich sagte sie: „Pass auf, du Nussknacker. Wenn man dich in die Erde steckt, was passiert dann?"

„Mich steckt niemand in die Erde. Wozu auch?"

„Ich sag' ja auch nur, wenn es jemand tun würde. Was dann?"

Verlegen klapperte der Nussknacker mit seinen Zähnen: „Das..., das weiß ich auch nicht. Wahrscheinlich würde ich in der nassen Erde meine Farbe verlieren. Vielleicht würde sich der Leim auflösen... Aber mich steckt niemand in die Erde. Oder?"

„Nein, nein, das tut bestimmt niemand", beruhigte die Nuss den Nussknacker, „ich will dir doch nur das Geheimnis des Lebens erklären. Wenn man nämlich uns Nüsse in die Erde steckt, dann wachsen daraus lauter Nussbäume, und die tragen einmal viele, viele Nüsse. Und wenn man diese Nüsse in die Erde steckt, dann werden wieder Nussbäume daraus, die Nüsse tragen. Und so geht das weiter. Das ist das Geheimnis unserer Kerne und das ist auch das Geheimnis des Lebens".

Der Nussknacker blieb eine Weile still, dann meinte er: „Ganz schöne Sache. Aber was ist das mit der goldenen Nuss da drüben, die ich nicht knacken darf? Hat die das gleiche Geheimnis in sich, wie ihr?" Die dicke Nuss dachte nach: „Wahrscheinlich ist in ihr ein noch größeres Geheimnis verborgen, sonst wäre sie ja keine Weihnachtsnuss".

„Und warum darf ich sie nicht knacken?" fragte der Nussknacker.

„Weil es Geheimnisse gibt, die Geheimnisse bleiben müssen", antwortete die Nuss, „alles an und um Weihnachten ist so ein Geheimnis. Und das sollte auch ein Nussknacker respektieren".

Jetzt kam Nico wieder ins Zimmer. Er räumte den Teller mit den Nüssen weg und legte die goldene Nuss neben den Adventskranz. Der Nussknacker schaute ihm dabei zu und überlegte, ob vielleicht im Bauch des Jungen auch bald Nussbäume wachsen würden, weil er doch so viele Nusskerne gegessen hatte. Ja, Nussknacker haben manchmal schon seltsame Gedanken.“ –

„Ob die Konstanze uns beide wohl auch mal aufknackt?“ fragte die Haselnuss, als die Geschichte zu Ende war. Die Walnuss wusste das auch nicht. „Abwarten“, meinte sie. „Aber jetzt bleibt ihr erst einmal vergnüglich bei uns“, rief die Eichel dazwischen, „seid herzlich willkommen im Kreis der Waldfrüchte!“

Lärchenzweige – Elfenkränze

„Na, so was“, wunderte sich der Kiefernzapfen, als Konstanze eines Tages noch einen Baumzapfen anbrachte, „du gleichst ja mir. Nur ein bisschen kleiner bist du geraten. Woher kommst du denn? Von einer Kiefer bestimmt nicht.“ „Nein“, antwortete der kleine Zapfen, „ich bin auf einem Lärchenbaum gewachsen“.

„Lerche, ist das nicht ein Vogel?“ meinte die Nuss. „Ja, schon“, sagte der Zapfen, „aber es gibt auch Lärchenbäume“. „Mit Vögeln dran?“ „Nein, mit zarten, grünen Nadelzweigen“. Der Stein räusperte sich: „Am besten, du erzählst uns eine Geschichte von deinem Baum“. Der kleine Zapfen freute sich: „Fein, dass ihr eine Geschichte hören wollt. Ich weiß nämlich eine wunderschöne Geschichte. Unser Baum erzählt sie immer im Frühling, wenn er neue grüne Nadeln bekommt. So hört:

Nahe unseres Waldes gab es einmal ein Dorf, in dem jedes Jahr ein großes Maienfest gefeiert wurde. Die Männer stellten einen Maibaum auf, die Frauen schmückten die Türen und Fenster ihrer Häuser mit frischem Birkengrün, und die jungen Mädchen flochten sich aus Blättern und Blumen Kränze. Sie gaben sich dabei große Mühe, denn sie hofften, dadurch den Burschen des Dorfes zu gefallen. Jede wollte natürlich die Schönste sein.

Unter den jungen Mädchen dieses Dorfes waren auch zwei Schwestern, Liesbeth und Anna. Gemeinsam suchten sie Schlüsselblumen, Veilchen, Wiesenschaumkraut, Gänseblümchen und allerlei Gräser. Und von den Birken schnitten sie sich kleine Zweige ab. Dann begannen sie mit dem Binden ihrer Kränze. Anna war besonders geschickt. Wie sie so die Blumen, Gräser und Zweige ineinander flocht, einfach wunderschön! Ihr Kranz wurde immer mehr zu einem kleinen Kunstwerk.

Das ärgerte Liesbeth. Schon immer war sie eifersüchtig auf die Schwester gewesen und neidisch, wenn der etwas besser gelang, als ihr selbst. Und nun der kunstvolle Kranz! Das durfte nicht sein! Gerade jetzt nicht, wo dieser fremde junge Mann ins Dorf gekommen war, für den alle Mädchen schwärmten. Da wollte doch sie, Liesbeth, auffallen beim Maientanz. Sie wollte nicht nur ihre Schwester, sondern auch alle anderen Mädchen ausstechen. Aber wie?

Liesbeth überlegte und überlegte. Und da auf einmal hatte sie eine Idee. Es war eine böse Idee. „Aber, was soll's", dachte sie, „Hauptsache, ich werde Siegerin bei diesem Maienfest". Und dann begann sie, ihre Schwester überschwänglich zu bewundern. Sie schmeichelte ihr und brachte sie dazu, dass sie auch ihr beim Binden des Kranzes half. Dadurch wurde ihr Kranz viel schöner, viel kunstvoller, als wenn sie ihn allein geflochten hätte. Vielleicht war er nicht ganz so reich und dicht, wie Annas Gebinde, aber sonst..., mal sehen. Wenn Annas Kranz nicht wäre, würde Liesbeths Kranz bestimmt der Schönste sein.

Am Abend legten die Mädchen ihre Maienkränze auf ein feuchtes Tuch und besprengten sie mit Wasser. So konnten sie frisch bleiben bis zum nächsten Morgen, denn schon in aller Frühe, noch vor dem Kirchgang, begann der Maienzug. In der Nacht jedoch schlich sich Liesbeth in die Küche und legte Annas Kranz auf den noch warmen Herd, damit die Blumen vertrockneten. Und noch bevor Anna erwachte, brachte die boshafte Schwester ihn wieder zurück auf das Tuch.

Anna erschrak, als die den verdorrten Kranz sah: „Das kann nicht wahr sein!" Liesbeth aber lachte boshaft: „Du hast wohl vergessen, ihn einzusprühen. Bist halt doch nicht so geschickt, so gescheit, wie du meinst". Dann setzte sie sich ihren Kranz ins Haar und wanderte zum Maiplatz, wo die anderen Mädchen schon warteten. Dort wurde sie überall bewundert: „Hast du aber einen schönen Kranz gebunden! So einen haben wir noch nie gesehen. Du bist ja eine Künstlerin". Gerade das wollte Liesbeth hören. Sie platzte fast vor Stolz und fühlte sich den anderen überlegen.

Anna aber war unglücklich. Sie dachte an den Maientanz, an den fremden jungen Mann, der auch ihr gefiel. Und sie hatte keinen Kranz! In ihrer Verzweiflung rannte sie über Wiesen und Felder bis zum Waldrand. Dort setzte sie sich ins Gras und weinte bitterlich. Plötzlich spürte sie auf ihrer Schulter eine zarte Hand. Anna blickte auf. Da sah sie vor sich eine Waldfee stehen. „Weine nicht, Kind", sagte die Waldfee, „ich werde dir einen neuen Kranz schenken, einen Kranz, der dir viel Glück bringen soll".

Sie reichte Anna die Hand und zog sie zu sich hoch. Dann deutete sie auf einen noch fast kahlen Baum hinter sich: „Weißt du, was das ist?" „Eine Lärche", antwortete Anna, „sie hat schon kleine Nadeln". „Ja, sie fängt zu grünen an. Gib Acht, was jetzt geschieht". Die Waldfee legte beide Hände an den Stamm der Lärche und sprach:

„Liebe geb' ich in dich ein,
Liebe soll dein Wachstum sein,
Liebe sollst du weitergeben
an ein junges Menschenleben".

Da wuchsen die Nadeln der Lärche immer größer und dichter aus dem dünnen Gehölz heraus. Einer der biegsamen Zweige war besonders gleichmäßig und rund bewachsen. Lächelnd brach ihn die Waldfee ab und steckte ihn Anna ins Haar: „Nun lauf ins Dorf zurück, schnell. Du kommst gerade noch recht zum Kirchgang".

So war es dann auch. Scheu und schüchtern setzte sich Anna in die letzte Bank. Sie war unsicher, wusste sie doch nicht, wie sie aussah mit dem Lärchenzweig im Haar. Gleich nach der Kirche sollte drüben beim Maibaum der Maientanz beginnen. Die Musik hatte sich schon aufgestellt. Gespannt und auch ein wenig aufgeregt wanderten die Burschen und Mädchen zum Festplatz. Allen voran Liesbeth. Sie fühlte sich schon als Siegerin.

Unter dem Maibaum stand eine schöne, seltsam strahlende Frau in einem langen, grünen Kleid. Niemand vom Dorf kannte sie. Wer hatte sie hierher bestellt? Als alle versammelt waren, winkte die Frau den Musikanten, flüsterte ihnen etwas zu. Da hoben die Musikanten ihre Instrumente und spielten eine leise, aber fröhliche Melodie. Und die Unbekannte begann zu singen:

„Birkengrün und Maienkranz,
Mädchen sammelt euch zum Tanz.
Frühling, Frühling ist erwacht,
fröhlich euch die Sonne lacht".

Danach ging die Sängerin auf Liesbeth zu, berührte den Kranz des Mädchens kurz mit dem Finger und sang weiter:

„Birkengrün und Maienkranz
freut euch an der Blumen Glanz.
Doch wo Eifersucht und Neid,
welkt sogleich das Blütenkleid".

Erschrocken schauten die Leute auf Liesbeth. Was war mit ihrem schönen Maienkranz geschehen? Verwelkt, verdorrt hing er ihr jetzt im Haar. Noch einmal ließ die unbekannte Sängerin ihre Stimme erklingen:

„Und im Tanze könnt ihr sehn,
welche Blumen hier vergehn.
Der Betrogenen schenkt sobald
Immergrünes unser Wald".

Noch während dieser letzten Strophe suchte die Sängerin nach Anna. Als sie das Mädchen entdeckte, hob sie den Arm und lenkte einen Sonnenstrahl auf den Lärchenzweig, so dass er aufleuchtete. Nicht jeder hatte das bemerkt, wohl aber der fremde junge Mann. Er ging auf Anna zu und führte sie zum Tanz. Die Sängerin aber war plötzlich wie vom Erdboden verschwunden, unbemerkt von all den vielen Leuten. Da wusste Anna, dass es die Waldfee gewesen war.

Für Liesbeth wurde es ein schlimmer Tag. Sie verkroch sich im Haus der Eltern, gekränkt und beschämt zugleich. Später erschien auch ihr die Waldfee, allerdings nur im Traum. Viele Nächte hindurch flüsterte sie dem Mädchen zu: „Merke dir, merke dir für dein Leben: wo Neid und Eifersucht entsteht, verwelken die Blumenkränze der Freude“. Ob Liesbeth daraus gelernt hat, erfuhr der Lärchenbaum nie. Alles verrät eine Waldfee eben nicht.

Anna und der fremde Mann aber sind sehr glücklich miteinander geworden. Und weil sich die Geschichte mit der Waldfee herumgesprochen hat, steckten und stecken sich manchmal noch heute die jungen Mädchen zur Frühlingszeit Lärchenzweige ins Haar.“

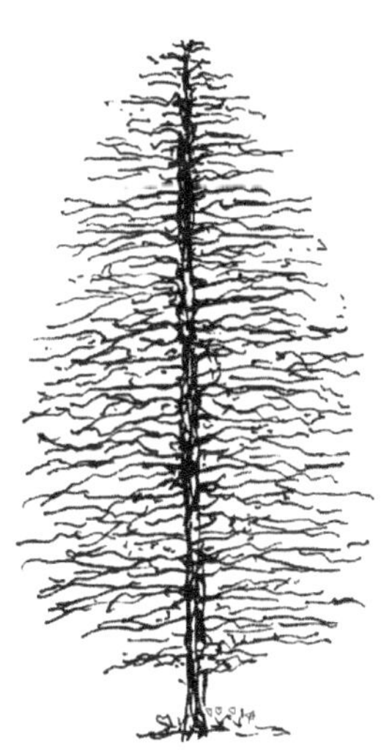

Sitzplätze für Zwerge

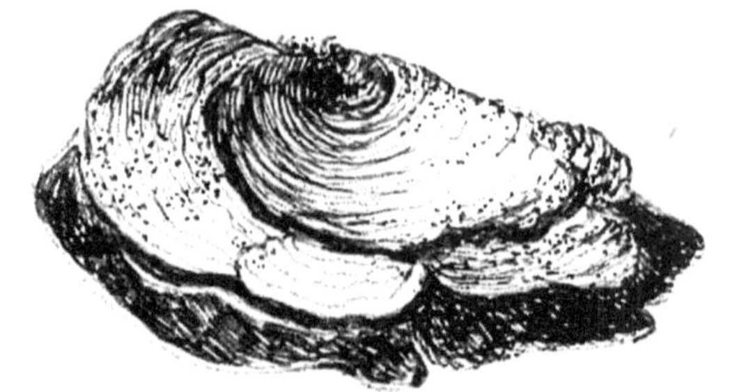

Was war das für ein seltsames Gebilde, das Konstanze heute zum Regal brachte! Groß, bräunlich-gelb gesprenkelt, flach gewachsen, hart..., eigenartig. „Hallo, ich bin ein Baumpilz", stellte sich der komische Kerl vor, „auf mir sind schon viele Zwerge gesessen". „Wieso denn das?" wollte der Stein wissen. „Weil wir Baumpilze Sitzplätze für die Zwerge sind, die tief unter der Erde wohnen. Wir wachsen meist an abgestorbenen Baumstämmen. Das ist für die Zwerge am bequemsten".

„Du hast doch gesagt, die Zwerge wohnen unter der Erde", bemerkte der Kiefernzapfen. „Tun sie auch, aber sie kommen immer wieder mal herauf. Da sitzen sie dann auf uns herum und beraten, wie sie ihre Schätze vor den Menschen schützen können".

Die Kastanie verstand das nicht so recht: „Warum besprechen das die Zwerge nicht drunten unter der Erde, wo sie zu Hause sind?" „Weil.., weil.., ach, das ist schwer zu erklären. Die Erde unten und die Erde oben, die gehören doch zusammen. In früheren Zeiten haben sich die Zwerge sogar ab und zu einem Menschen gezeigt. Aber heute tun sie das nicht mehr. Sie haben Angst vor den Menschen".

„Wieso Angst?" lachte die Nuss. „So schlimm sind doch die Menschen nicht. Auch wenn sie mich aufknacken, das gehört doch irgendwie dazu". „Für dich und deinen Nussbaum sind die Menschen sicher nicht so gefährlich“, meinte der Baumpilz, „aber für die Zwerge schon. Die hüten nämlich nicht nur Gold, Silber und Edelsteine, sondern auch Erdenkräfte. Und diese Schätze beuten die Menschen zur Zeit ganz schön aus. Wenn sie jetzt auch noch einen Zwerg schnappen könnten, was glaubt ihr, den würden sie bestimmt für sich arbeiten lassen, ihn ausnützen, vielleicht sogar quälen, wie sie es mit manchen Tieren und oft auch mit der Natur machen. Nein, da wollen die Zwerge lieber unsichtbar bleiben. Sie sitzen auf uns herum und horchen, was die Menschen, die vorübergehen, sich erzählen“.

„Und kein Mensch kann sie sehen“, wunderte sich die Eichel. „Kein Mensch“, sagte der Baumpilz, „das heißt, kürzlich, da haben sich unsere Zwerge doch wieder einmal einem Menschenkind gezeigt. Na ja, das war schon eine eigenartige Geschichte“. „Erzähle sie, erzähle sie“, riefen der Kiefernzapfen, der Stein, die Eichel, die Kastanie, die Buchecker, die Haselnuss, die Walnuss und der Lärchenzapfen. Da begann der Baumpilz zu erzählen:

„Dies ist die Geschichte von Melanie, einem kleinen Mädchen, das bei seiner Mutter lebte. Es hatte keinen Vater, keine Schwester, keinen Bruder, keine Oma und keinen Opa. Und die Mutter musste viel arbeiten, so dass ihr wenig Zeit für ihre Tochter blieb. Und Freundinnen, Freunde? Ach, wie sollte Melanie bei denen mithalten? Die ließen sie links liegen, weil sie nicht so viel Geld hatte, wie die anderen und weil sie sich keine so teuren Kleider und Spielsachen kaufen konnte. Das kleine Mädchen war viel allein.

Eines Tages, die Nachbarskinder zeigten sich wieder einmal ihre neuen Spielsachen, da konnte es Melanie nicht mehr aushalten. Sie lief einfach davon. Wohin? Das war ihr ganz egal. Nur weg, weg von den anderen, die sie doch nicht mitspielen ließen. Melanie lief und lief, ohne sich den Weg zu überlegen. Sie lief die Straßen entlang, zur Stadt hinaus, über Felder und Wiesen, immer weiter, immer weiter weg.

Plötzlich stand sie in einem Wald, den sie nicht kannte. Sie wusste selbst nicht, wie sie hierher gekommen war. Ein wenig ängstlich und verwundert schaute sie sich um. Düstere Tannen und lichte Laubbäume wuchsen dicht nebeneinander. Durch die grünen Buchenblätter schimmerte die Sonne. Melanie ging ein paar Schritte tiefer in den Wald hinein. Irgendetwas zog sie an. Vielleicht das seltsame Murmeln, das sie jetzt hörte. Es klang, wie das Plätschern einer Quelle und doch auch wieder nicht. Neugierig wanderte das Mädchen auf dieses Murmeln zu. Am Wegrand lag ein umgekippter, morscher, alter Baumstamm, auf dem zahlreiche Baumpilze wuchsen. Genau von dort kam dieses Murmeln. Aber niemand war zu sehen. Oder doch?

Da! Melanie erschrak: auf den Baumpilzen zeigten sich eigenartige Schatten, die miteinander flüsterten. Und jetzt – das konnte doch nicht wahr sein – jetzt verwandelten sich diese Schatten auf einmal in Zwerge, in richtige kleine Zwerge. „Hallo, Melanie“, riefen die Zwerge dem Mädchen zu, „da bist du endlich. Wir haben dich gerufen“.

Melanie schaute die Zwerge ungläubig an: „Ihr habt mich gerufen? Ich habe doch gar nichts gehört. Wie habt ihr das gemacht? Und woher kennt ihr mich überhaupt?“ „Das ist unser Geheimnis“, flüsterten die Zwerge, „wir haben dich gerufen, weil wir dir helfen wollen“. „Das könnt ihr bestimmt nicht“, sagte das Mädchen traurig.

„Und ob wir das können!“ Nun tuschelten die kleinen Kerlchen miteinander. Dann sagte einer: „Wir werden dir jetzt etwas verraten: in früheren Zeiten haben wir den Menschen oft geholfen. Heute machen wir das nur noch selten. Und dir wollen wir heute helfen. Du bist sehr allein und traurig . Stimmt's?“

„Ja, das bin ich“, gab Melanie zu.

„Und die anderen Kinder wollen nicht mit dir spielen, weil du nicht so viel neue Spielsachen hast, wie sie, keine so teuren Kleider“.

Melanie nickte.

„Mach' dir nichts daraus! Wir werden dir jetzt etwas schenken, das mehr wert ist, als die schönsten Spielsachen und die teuersten Kleider". Melanie horchte auf: „Was ist das?"

„Wir schenken dir Phantasie, viel Phantasie. Sie wird dich trösten, wenn du traurig bist. Und sie kann dir auch später im Leben helfen. Komm, setze dich zu uns auf den Baumstamm".

Das kleine Mädchen wusste nicht, ob es träumte oder wachte. Es setzte sich zwischen die Zwerge auf den Baumstamm und war glücklich und zufrieden, wie schon lange nicht mehr. Einer der Kleinen zog eine Bambusflöte aus seiner Tasche und spielte eine leise Melodie. Zart schwingende Töne kamen aus dem Instrument. Sie nahmen Gestalt an, formten sich zu bunten Vögeln, die in den Wald flogen. So wenigstens sah es Melanie. Der Zwerg spielte und spielte, entfaltete Töne, die zu singenden Vögeln wurden. Und diese Vögel setzten sich ringsum auf die Äste der Bäume und sangen dort weiter. Es war ein schönes Lied. Auch der Wald, die Blätter, die Gräser, die Farne, die Blumen, die Pilze und sogar die Steine sangen mit. Melanie kam aus dem Staunen nicht heraus.

Die Melodie zog durchs Laub, flog hinauf zu den Wolken, immer mächtiger klingend. Doch dann wurde sie wieder leiser, war wieder das kleine Lied, wie es begonnen hatte. Die bunten Vögel verschwanden. Der Zwerg legte seine Flöte beiseite. Dann fragte er das Mädchen: „Nun, was hast du gesehen?"

„Viele, viele bunte Vögel", jubelte Melanie. Der Zwerg strahlte: „Du bist eine gute Schülerin der Phantasie. Doch das war erst der Anfang. Du wirst mit deinen Gedanken immer wieder bunte Bilder finden, die dir Freude machen. Und wisse, kleines Menschenkind, alles lebt auf dieser Welt. Du bist nie allein. Damit du das auch nicht vergisst, wollen wir dir jetzt ein Lied schenken. Du kannst es später einmal an andere Kinder weitergeben, an Kinder, die auch allein sind. Also, höre gut zu". Wieder griff der Zwerg zur Flöte. Und die anderen Zwerge sangen:

„Alles lebt auf dieser Welt,
Tiere, Pflanzen, Steine,
Wasser, das vom Himmel fällt.
du bist nicht alleine.

Leben ist im frischen Wind,
in der Flammen Scheine.
Gute Geister um dich sind.
Du bist nicht alleine.

Und es lebt und macht mich froh
auch mein Lied, das kleine.
Geht es dir nicht ebenso?
Du bist nicht alleine“.

Viele, viele Male sangen die Zwerge der kleinen Melanie dieses Lied vor, bis auch sie es auswendig konnte: „Wenn du traurig bist, brauchst du nur unser Lied zu singen, es wird dir helfen“. Dann brachen sie einen der Baumpilze ab und gaben ihn dem Mädchen: „Hier, der soll dich an uns erinnern“. Melanie stand auf und schaute sich die Zwerge noch einmal genau an: „Ich werde euch jetzt jeden Tag besuchen“. Aber die Zwerge schüttelten die Köpfe: „Das darfst du nicht. Du darfst nie allein in den Wald gehen. Das ist zu gefährlich. Diesmal war es eine Ausnahme, weil wir dich gerufen haben“.

„Ihr könnt mich ja wieder rufen“, meinte Melanie. Doch die Zwerge waren anderer Ansicht: „Wir werden dich nicht rufen, sondern zu dir kommen“. Dann sprangen sie von den Baumpilzen herunter und nahmen Melanie bei der Hand: „Wir bringen dich jetzt erst einmal nach Hause. Es wird Zeit, dass du zurückgehst“. Begleitet von den Zwergen wanderte Melanie wieder heimwärts. Viele Menschen begegneten ihnen, aber niemand konnte die Zwerge sehen. Die hatten sich inzwischen unsichtbar gemacht.

Von dieser Zeit an saß fast immer, wenn Melanie das Zwergenlied sang, so ein kleiner Wicht auf ihrem Baumpilz. Er erzählte ihr von den wunderbaren Geheimnissen des Waldes und er ließ in ihren Gedanken Bilder entstehen: Phantasien. Melanie schrieb diese Bilder auf und machte Geschichten daraus. Später hat sie diese Geschichten auch anderen Kindern vorgelesen. Und wenn sie von Kindern wusste, die oft allein waren, dann hat sie mit ihnen das Zwergenlied gesungen. Und dabei wurden sie alle froh und glücklich."

„Huff", machte der Baumpilz, „jetzt ist meine Geschichte zu Ende. War sie arg lang?" „Nein", sagte der Stein, „nur möchten wir eigentlich gerne wissen, ob auf dir hier manchmal auch ein Zwerg sitzt". Der Baumpilz lachte: „Das wird nicht verraten. Aber, wie ich euch so einschätze, werdet ihr das schon merken".

Wenn die Gräser singen

Einmal kam Konstanze mit einem Strauß von Gräsern an. Sie stellte die zarten Gebilde in eine Vase ohne Wasser, damit sie trockneten, und brachte sie zum Regal hinüber. „O“, machte die Kastanie, „lauter Gräser, aber jedes Gras sieht wieder anders aus“. Der Kiefernzapfen wollte gleich eine Geschichte hören, doch den Gräsern passte das nicht so recht. Sie zitterten in der Vase herum und zierten sich ein wenig. Die alle überragende Quecke meinte: „Wir kennen viele Geschichten, aber die sind meist traurig. Es sind Geschichten, da trampeln die Menschen in der Wiese herum und zertreten selbst die hohen Gräser. Sie beachten sie nicht. Das tut weh“.

„Na, na“, widersprach das Zittergras, „nicht alle Menschen sind so schlimm. Es gibt auch Menschen, die uns abpflücken und einen Strauß aus uns machen, so wie die kleine Konstanze“. “Du hast leicht reden“, bemerkte der Wiesenfuchsschwanz, „du bist ja auch etwas Besonderes und heutzutage sehr selten“. Jetzt mischte sich das Knäuelgras ins Gespräch: „Also, wenn ihr schon keine Geschichte erzählen wollt, dann lasst uns wenigstens unser Gedicht aufsagen oder singen“. Der Stein schmunzelte: „Ein Gedicht, nun, das ist einmal etwas ganz anderes. Nur zu, ihr Gräser, wir hören“. Da summten und sangen die Gräser leise im Chor:

„Gräser gibt es viele, viele:
Wiesenhafer, Rasenschmiele,
Mäusegerste und die Quecke,

Neues gibt's an jeder Ecke,
Wiesenfuchsschwanz, Wiesenschwingel,
dünne Haare, kleine Kringel,
wie das Zittergras, das feine.
Gräser gibt es, zarte, kleine,
große, kräftige, biegsam weiche,
schlichte, strenge, blütenreiche.
Kaum ein Künstler kann ermessen
solche Vielfalt. Unterdessen
bleibt dies oftmals unbeachtet.
Doch wer es genau betrachtet,
spürt die große Schöpferhand
auch beim Gras am Wegesrand".

„Schön war das, euer Lied" lobte die Eichel, „aber ich glaube, das mit der Hand des großen Schöpfers, das gilt auch für uns. Sind wir nicht alle kleine Wunderwerke?" Der Stein, der Kiefernzapfen, die Kastanie, die Buchecker, die Haselnuss, die Walnuss, der Lärchenzapfen und der Baumpilz empfanden das ebenso. Und sie freuten sich, dass sie hier bei einem Menschenkind waren, das diese Wunderwerke der Natur noch sieht und im Wald und auf der Wiese nach ihnen sucht.

Als die Moosmännlein zauberten

Vorsichtig, auf der flachen Hand tragend, brachte es Konstanze mit: ein Mooskissen vom Wald, ein richtiges kleines, grünes Kissen. Sie legte es in einen Teller und stellte es zu den anderen Sachen: „So, du hast hier gerade noch gefehlt“.

Der Kiefernzapfen machte sich gleich wieder wichtig: „Ich kenne dich. So etwas wächst auch unter meinem Baum“. „Wir möchten von dir eine Geschichte hören“, bat der Stein den neuen Gast. Das Mooskissen schaute sich um, dann fragte es leise: „Wollt ihr wissen, wie das Moos einst entstanden ist?“ „Au ja“, riefen die anderen, „erzähle , erzähle!“ Da erzählte das Mooskissen:

„Es war vor langer, langer Zeit, da jammerte die alte Mutter Erde, weil unter den Bäumen des Waldes nichts mehr richtig wachsen konnte. Die Tannen, Fichten und Kiefern, die Eichen, Lärchen und Buchen nahmen den Gräsern und Blumen das Licht weg. Es wollte hier einfach nichts wachsen und gedeihen. „Wir lassen Sonne und Licht durch, soviel wir nur können“, verteidigten sich die Bäume, „aber unsere Äste und Zweige brauchen halt Platz“. Das sah die Erde ein. Sie liebte ja ihre Bäume. Aber ein klein wenig Grün hätte sie doch gerne gehabt, da unten bei den dicken Stämmen.

Nun, wer sich etwas so sehr wünscht, wie die Erde dieses Grün, bei dem geht dieser Wunsch eines Tages auch in Erfüllung. Er muss nur Geduld haben. Und die Erde hatte Geduld, viel Geduld. Sie bereitete unter ihrer Kruste das Netzwerk der Pilze, das Myzel, vor. Denn dass im Herbst mit dem Regen Pilze aus der Erde kamen, wusste sie, und darauf freute sie sich schon. Vielleicht, vielleicht würde eines Tages doch auch noch etwas anderes unter den Bäumen wachsen. Die Erde hoffte es und wartete. Sie wartete das Frühjahr und den ganzen langen und trockenen Sommer hindurch.

Schließlich wurde es Herbst. Der Regen lockte Pilze aus der Erde, viele Pilze. Aber dann brachte er noch etwas ganz Besonderes mit: in den Regentropfen saßen dieses Mal kleine, niedliche Moosmännlein, grünschillernde, durchsichtige Gesellen. Die hüpfen über den Waldboden und sangen:

„Wenn hier nicht Gras und Blumen blühn,
dann machen wir die Erde grün".

Und wie sie so sangen und tanzten, entstanden auf einmal auf der Erde viele grüne Polster, kleine Mooskissen. Die Moosmännlein verzauberten den Waldboden mit zartem Grün. Ach, wie freute sich da die Erde. Sie hieß die feuchten Gäste herzlich willkommen. „Bleibt nur immer hier", bat sie. Aber das wollten die Moosmännlein nicht. „Nur bei feuchtem Wetter können wir bleiben", erklärten sie, „ wenn es zu trocken wird, müssen wir verschwinden. Die Mooskissen lassen wir dir dann noch ein Weilchen, bis auch sie vertrocknet sind".

Nun, die Erde beklagte sich nicht. Sie wusste um den Wechsel der Jahreszeiten, um das Werden und Vergehen der Pflanzen und um das wieder Erwachen im nächsten Jahr. „Tummelt euch nur, ihr habt genügend Platz", rief sie den Moosmännlein zu. Die aber tanzten weiter fröhlich durch den Wald. Und überall, wo sie auftraten, wuchs ein Mooskissen aus der Erde. Jedes Moosmännlein hatte ein anderes Strickmuster für sein Moos. Und deshalb sahen die Mooskissen auch immer wieder anders aus. Die einen waren glatt, wie ein Stückchen Pelz, die anderen hatten dünne Haare und wieder andere trieben zarte, struppige Stängel, die einen winzigen Wald bildeten. Schön waren sie alle, die Mooskissen. Sie wurden auch von den Bäumen, den Pilzen und von den Tieren des Waldes immer wieder bewundert. Das gefiel den Moosmännlein und sie beschlossen, von nun an in jedem Jahr die Erde zu besuchen.

So ist es dann auch gekommen. Seit dieser Zeit gibt es Moos in unseren Wäldern. Und wer einmal in ein Mooskissen, in so eines mit kurzen, grünen Stängeln, hineinhorcht, der kann darin vielleicht das Moosmännlein singen hören:

„Sieh, mein Moos, sieh, mein Moos
ist ein Kissen riesengroß.
Zart und fein schließt es ein
Wälder winzigklein“.

Inzwischen tanzen die Moosmännlein nicht nur im Wald, sondern auch in den Wiesen, Feldern und sogar in den Gärten herum. Wenn es feucht ist und die Blumen und Gräser nicht mehr wachsen wollen, dann überziehen diese unsichtbaren Pflanzengeister die Erde mit ihren kleinen Kunstwerken. Leise singend breiten sie sich aus:

„Wo nicht mehr Gras und Blumen blühn,
da machen wir die Erde grün“.

Die Birke und die Nebelfrau

Draußen regnete es. Dicke Tropfen prasselten an die Fensterscheiben. „Ob da mein Regentropfen wohl auch mit herunterkommt?" murmelte der Stein. Der Kiefernzapfen kicherte: „Du hast vielleicht Ideen! Stell dir doch einmal vor, wo es jetzt überall regnet: auf den Wiesen, im Wald , in den Dörfern und Städten. Überall lassen die grauen Wolken Wasser auf die Erde fallen. Und da sollte dein Freund ausgerechnet bei uns heruntertropfen. So ein Zufall konnte dir nur einmal passieren, aber ein zweites Mal bestimmt nicht. Und hier im Zimmer kann dich dein Regentropfen ja sowieso nicht besuchen". Etwas beleidigt wandte sich der Stein ab. Er hatte immer noch Hoffnung auf ein Wiedersehen, obgleich das eigentlich unmöglich war.

Während dieser Zeit suchte Konstanze in einem dicken Buch nach dem gepressten Ahornblatt. Endlich fand sie es. Sie nahm es aus dem Buch heraus und hielt es gegen das Licht. Ach, sah das bunte Herbstblatt jetzt hübsch aus: zart, fast durchsichtig, durchzogen von den feinen Löchern, die Konstanze damals mit der Kleiderbürste hineingeschlagen hatte. „Du bist wunderschön geworden", freute sich das Mädchen. Dann steckte es das Blatt vorsichtig zu den Gräsern in die Vase.

Die Kastanie äugte zu dem Ahornblatt hinauf und fragte: „Was steht denn in dem Buch drin, in dem du warst?" „Weiß ich nicht", sagte das Ahornblatt, „es war so dunkel da drinnen. Ich habe die ganze

Zeit geschlafen". „Ach so". „Schade. Wir hätten so gerne eine Geschichte aus diesem Buch gehört", meinte die Eichel. Das Ahornblatt schaute traurig drein: „Aus dem Buch habe ich leider nichts erfahren, aber eine Geschichte wüsste ich schon. Als es Herbst wurde und wir Blätter eine gelbe Farbe bekamen, aber uns noch nicht so recht von den Zweigen lösen wollten, da hat uns unser Ahornbaum die Geschichte von einer kleinen Birke erzählt, die neben ihm hochgewachsen ist. Wollt ihr sie hören?" „Aber ja!" riefen die Gräser. Da begann das Ahornblatt:

„Diese Geschichte geschah im Spätherbst. Die bunten Blätter der Laubbäume waren zumeist schon braun und dürr geworden. Der Wind riss sie von den Zweigen und jagte sie über die Felder und durch die Straßen. Am Waldrand stand eine kleine Birke, die hielt ihre Blätter mit aller Kraft fest und wollte sie nicht hergeben. „Lass deine Blätter endlich frei!" rief der Herbstwind und fegte durch die Äste. „Kommt gar nicht infrage", schimpfte die Birke, „warum nimmst du denn dem Tannenbaum da drüben die Blätter nicht fort. Er ist noch so grün wie im Sommer. Ich finde das ungerecht".

„Der Tannenbaum hat keine Blätter, sondern Nadeln. Und diese Nadeln müssen im Herbst nicht abfallen", erklärte der Wind. „Wieso müssen die nicht abfallen", wunderte sich die Birke, „ich will auch nicht kahl werden. Ich gebe dir kein einziges Blatt". Der Herbstwind lachte: „Du wirst mir noch alle deine Blätter geben, das weiß ich. Aber ich habe Zeit". Dann flog er weiter und kümmerte sich um die anderen Bäume.

Inzwischen hatte sich ein loses Blatt des Nachbarbaumes auf einen Zweig der Birke gesetzt und flüsterte den Birkenblättern zu: „Kommt mit, wir tanzen mit dem Herbstwind". Aber die Birke hatte es schon gehört. „Nichts da, hier geblieben", befahl sie ihren Blättern, „ihr könnt bei mir an den Ästen auch tanzen, aber fortgeflogen wird nicht!"

So vergingen einige Tage und Nächte. Die Birke gab kein einziges Blatt her, bis in einer kalten Nacht die Nebelfrau durchs Land zog.

Sie machte alles grau und undurchsichtig. Auch den Wald hüllte sie in ihren Schleier ein. Dabei entdeckte sie die gelben Blätter der Birke. „He du, kleiner Baum“, rief sie erstaunt, „was ist denn mit dir los? Warum hast du deine Blätter noch nicht dem Herbstwind geschenkt?“

„Weil ich sie behalten möchte“, sagte die Birke. „Das geht nicht. Du kannst deine Blätter nicht behalten“, hauchte die Nebelfrau und umhüllte den Baum mit einer feuchten Kälte, die bis ins Innerste der Zweige kroch. „Warum kann ich meine Blätter nicht behalten?“ weinte die Birke. „Weil du ein Laubbaum bist. Und alle Bäume, die zartes, grünes Laub haben, müssen ihre Blätter irgendwann einmal hergeben. So will es das Gesetz der Natur, das Gesetz des großen Schöpfers“.

„Das verstehe ich nicht“, klagte die Birke, „warum dürfen dann Tannen, Fichten und Kiefern ihre Nadeln behalten? Warum dürfen nur sie Weihnachtsbäume werden? Ich möchte auch einmal ein Christbaum sein, und deshalb will ich meine Blätter behalten“. Da legte die Nebelfrau zärtlich ihren Schleier um die kleine Birke und sprach: „Tannen, Fichten und Kiefern haben andere Aufgaben, als ihr Laubbäume. Auch das ist ein Gesetz der Natur, dass sie ihre Nadeln im Winter behalten dürfen. Kein Baum kann diesem Gesetz widerstehen. Auch du nicht. Die Menschen wissen das. Und glaube mir, auch wenn du alle deine Blätter behalten könntest, die Menschen wollten dich trotzdem nicht als Weihnachtsbaum in ihre Stube stellen. Sie haben sich dafür die Nadelbäume ausgesucht. Du aber könntest einmal ein schöner Maibaum werden. Aber nur, wenn du jetzt deine alten Blätter abwirfst und in dir die neuen vorbereitest für den nächsten Frühling. Ist es denn nicht auch ein Geschenk, frische grüne Blätter zu bekommen?“

Die kleine Birke überlegte ein Weilchen. Schließlich sah sie es ein. Zwar weinte sie noch ein paar Tränchen vor sich hin, doch dann ließ sie tapfer noch in derselben Nacht ihre Blätter fallen. Und als am anderen Morgen die Sonne herauskam und die letzten Tränen an den Ästen und Zweigen trocknete, da wurde die kleine Birke plötzlich sehr glücklich. Sie dachte an die jungen grünen Blätter, die in ihr schlummerten und träumte fröhlich und zufrieden vom kommenden Frühling."

Eine feuchte Überraschung

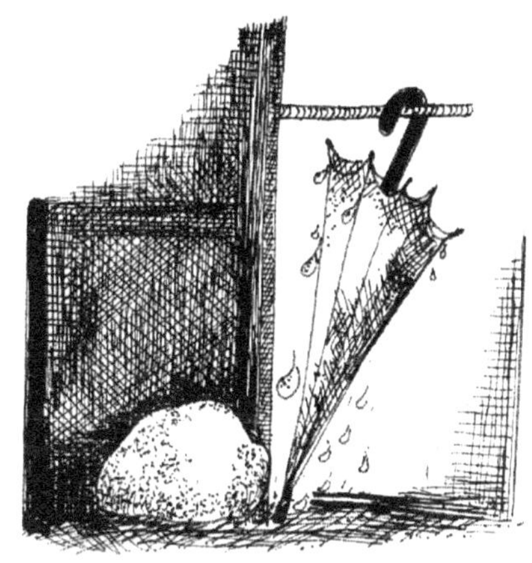

Immer noch regnete es draußen. „Da bekommen wir nicht sogleich neue Freunde," meinte der Kiefernzapfen, „bei diesem Wetter geht Konstanze bestimmt nicht in den Wald". Die anderen fanden das auch. Aber dann gab es doch eine große Überraschung. Konstanze kam ins Zimmer mit einem nassen Regenschirm. Sie spannte ihn auf und stellte ihn auf den Boden, damit er trocknete. Dann verschwand sie wieder.

Auf dem nassen Schirm perlten viele Regentropfen. Plötzlich fing einer dieser Tropfen zu sprechen an. „Hallo, mein Stein", rief er, „da bin ich wieder, wenn auch nur für einen kurzen Besuch". Verdutzt schauten die Waldfrüchte, die Gräser und das Blatt zum Regenschirm hinüber. „Das ist doch nicht möglich", staunte der Kiefernzapfen. „Alles ist möglich", lachte der Regentropfen. Der Stein aber strahlte: „Ich habe immer gewusst, dass wir uns noch einmal wiedersehen".

„Es war nicht ganz einfach herauszufinden, wo du steckst", gestand der Regentropfen, „viele Wassergeister haben mir dabei geholfen. Aber jetzt bin ich da. Sage mir schnell, wie es dir geht. Lange kann ich nämlich nicht bleiben. Ich werde bald verdunsten in diesem warmen Zimmer".

„Bitte nicht", rief der Stein erschrocken, „was wird denn dann aus dir?" Dem Regentropfen schien dies völlig gleichgültig zu sein:

„Weiß ich nicht. Vielleicht schwebe ich als feuchte Luft noch ein Weilchen hier herum, aber irgendwann bin ich wieder draußen. Sag‘ wie geht es dir? Fehlt dir dein Bach nicht?“

„Manchmal schon, aber...“ Der Stein schaute seine Freunde an: „Wir sind hier ein lustiger Kreis. Um mich herum lauter Waldfrüchte, Gräser und ein Blatt. Und die können so viel erzählen. Wir sind Freunde geworden. Auch das Mädchen ist nett zu uns“.

„Das Mädchen mit dem Schirm?“ fragte der Regentropfen.

„Ja, das Mädchen mit dem Schirm, die Konstanze“.

„O, bis ich diesen Schirm getroffen habe“, stöhnte der Regentropfen, „wenn mir da der Wind nicht geholfen hätte...“

„Wirst du wieder einmal zu Schnee?“ wollte der Kiefernzapfen wissen. „Vielleicht“.

„Schade, dass du so weit weg bist“, bedauerte der Stein. Jetzt wurde der Regentropfen auf einmal klein und kleiner. „Wenn ich nachher in der Luft herumschwebe, dann komme ich vielleicht näher an dich heran“, hauchte er. Dann war er verschwunden. Der Stein jammerte: „Regentropfen, mein Regentropfen, wo bist du jetzt?“

„Nicht traurig sein“, tröstete der Kiefernzapfen seinen Freund, „dein Regentropfen schwebt hier irgendwo in der Luft herum. Du kannst ihn nur nicht sehen. Aber er ist da“. „Ich weiß“, sagte der Stein, „Wasser ist ein wundersames Geheimnis“.

Der aufgespannte Regenschirm war inzwischen trocken geworden. „Eigentlich schade“, meinte die Buchecker. Der Stein seufzte: „So ist das halt. Wasser verwandelt sich immer und immer wieder“.

„Wasser kann auch singen“, flüsterte es auf einmal dicht neben ihm. Eine leise Musik schwebte durchs Zimmer. Zunächst war es, als ob einzelne Töne tröpfelnd herabfielen, dann klang es, wie das Plätschern eines Baches, wie das Rauschen eines Wasserfalles.

Schließlich wurde dieses Rauschen zu einem Lied. Auch die anderen hörten es. Hatten sich die verwandelten Regentropfen zu einem Chor zusammengefunden? Während ein leichter Wind durchs Zimmer zog, sangen die unsichtbaren Wassergeister:

„Wir schweben in der Luft,
unsichtbar, winzig klein.
Wir sind wie Blumenduft,
Musik und Sonnenschein.

Mit einem feuchten Hauch,
der zärtlich euch berührt,
verschwinden wir, wie Rauch.
Habt ihr uns denn gespürt?"

Danach war es wieder still im Zimmer... und trocken.

Wilde Rosenkinder

Was brachte Konstanze denn da vom Wald mit? Es war etwas kleiner, als die Haselnuss, aber leuchtend rot. „Ich bin eine Hagebutte", stellte sich das kleine Etwas vor, „auf einem wilden Rosenstrauch bin ich gewachsen. Früher war ich einmal eine Rose. Es gibt sogar ein Lied von mir". Und sogleich begann das rote Früchtchen zu singen:

„Ein Männlein steht im Walde, ganz still und stumm,
es hat von lauter Purpur ein Mäntlein um.
Sagt, wer mag das Männlein sein,
das da steht im Wald allein
mit dem purpurroten Mäntelein?"

„Und das sollst du sein?" fragte der Kiefernzapfen. „Die Kinder sagen das so", erklärte die Hagebutte. Der Lärchenzapfen schaute das neue Früchtchen bewundernd an: „Singen kannst du ja recht gut, aber kannst du uns auch eine Geschichte erzählen?" Die Hagebutte überlegte: „Vielleicht eine Geschichte von meinem Wildrosenstrauch..." Und sie erzählte:

„Am Wegrand stand ein Busch wilder Rosen. Er blühte prächtig und streckte seine rosa-roten Röschen fröhlich der Sonne entgegen. Auf der anderen Seite des Weges gab es ein paar Gärten. Einer davon war besonders schön gepflegt. Viele bunte Blumen wuchsen dort, aber auch Kräuter, Gemüse, Brombeer- und Himbeersträucher und ein Kirschbaum. Am Zaun dieses Gartens kletterten dunkelrote Rosen empor. Es waren keine wilde Rosen, sondern kunstvoll gezüchtete mit großen, vollen Blüten. Und die dufteten! Gewiss, die Wildrosen hatten auch einen zarten Duft, aber der umgab nur ihre Blüten und breitete sich nicht aus, wie der Duft dieser prächtigen Rosen am Zaun.

Der Garten drüben gehörte einer jungen Frau. Liebevoll kümmerte sie sich um die ihr anvertrauten Pflanzen, goss und düngte sie und entfernte das Unkraut, das ihre Beete überwuchern wollte. Die Wildrosen schauten meist etwas neidvoll zu, wenn die Gärtnerin durch die Beete ging, da und dort etwas abschnitt oder neu einpflanzte. Manchmal sprach sie auch mit ihren Blumen und Kräutern, mit dem Gemüse, den Büschen, dem Baum, vor allem aber mit ihren Rosen. „Ach", seufzten da die Wildrosenkinder auf der anderen Seite des Weges, „mit uns spricht niemand, uns liebt keiner". Und vor lauter Trauer bildeten sie harte, starke Dornen.

An einem warmen Sommerabend kam ein junger Mann zu der Frau in den Garten. Sie schnitt eine Rose ab und gab sie ihm. Da umarmte und küsste er die Gärtnerin. Und die abgeschnittene Rose umhüllte die beiden mit einem liebenden Duft. „Schaut nur, wie schön", flüsterten die Wildrosen einander zu, „glückliche Schwestern am Gartenzaun, wären wir doch wie ihr! Uns verschenkt keiner aus Liebe. Wir sind nicht so schön und duften nicht so kräftig, so bezaubernd, wie ihr. Und unsere Dornen stechen zu hart. Wir wurden ja auch nicht mit Liebe gepflanzt. Das ist es wohl".

Plötzlich hörten sie unter sich ein Wispern und Klagen. Die alte Mutter Erde bäumte sich auf, und ärgerlich rief sie den Wildrosen zu: „Undankbares Gewächs! Auch euer Strauch wurde einst in Liebe gepflanzt. Der große Schöpfer hat euch hier wachsen lassen, hier am Wegrand, frei, wie ihr wollt. Mit euren zarten Blüten habt ihr schon manchen Wanderer erfreut. Er hat es euch nur nicht gesagt. Und merkt euch: nicht jede Rose wird aus Liebe verschenkt. Auch von den Rosen am Gartenzaun werden viele ungepflückt bleiben. Ihr duftet doch zart. Was wollt ihr mehr? Es gibt Blumen, die duften überhaupt nicht. Und dennoch erfreuen sie die Menschen".

Beschämt falteten die Wildrosen ihre Blütenblätter zusammen. Die Mutter Erde aber tröstete sie wieder: „Blüht weiter und freut euch an der Sonne. Ihr habt andere Aufgaben, als die Rosen da drüben. Bleibt zufrieden mit dem, wie ihr seid. Es ist gut so, glaubt es mir".

Die Wildrosen streckten sich, versuchten noch einmal zu blühen, aber es gelang ihnen nicht mehr recht. Ein Blütenblatt nach dem anderen fiel ab. Dagegen trieb die Rosenpracht am Gartenzaun immer neue Knospen. Fast jeden Abend kam die Gärtnerin und schnitt sich einen Strauß. Und es duftete über den Garten hinweg, den Weg entlang bis zu dem Wildrosenstrauch hinüber. So verging ein Sommertag nach dem anderen.

Mit den Wildrosen aber war inzwischen etwas Eigenartiges geschehen. Sie hatten sich in kleine, grüne Früchte verwandelt, die nun rot und immer röter wurden. Und während die Rosen drüben am Gartenzaun jetzt langsam mit dem Blühen aufhörten, leuchteten aus dem Wildrosenbusch bald purpurrote Hagebutten.

Eines Tages entdeckte dies die junge Gärtnerin. „Wie schön", rief sie aus, „wie schön ihr gewachsen seid! Ich werde aus euch Marmelade kochen. Ihr gebt eine köstliche Marmelade!" Dann holte sie eine Gartenschere und schnitt die Hagebutten ab. Sie legte sie in einen Korb und nahm die roten Früchte mit nach Hause.

Der Wildrosenbusch freute sich darüber. Er wusste längst, wie nützlich seine Früchte für die Menschen sind. Und er wusste auch, dass seine zarten Rosenkinder schön waren, wenn auch anders, als die Gartenrosen da drüben. Aber das sollte wohl so sein. Nur hatten das die kleinen Wildrosenkinder in diesem Jahr wohl noch nicht so recht begriffen..."

Der Stein schaute sich die Hagebutte noch einmal genau an: „Und du bist eine von diesem Wildrosenstrauch?“ „Ja, das bin ich“, sagte die Hagebutte. „Und wie kommst du zu uns? Warum bist du nicht im Marmeladentopf?“ wollten die Gräser wissen. Die Hagebutte strahlte in leuchtendem Rot: „Mich hat die Gärtnerin der Konstanze geschenkt“. Und dann sang sie noch einmal:

„Ein Männlein steht im Walde, ganz still und stumm.
es hat von lauter Purpur ein Mäntlein um.
Sagt, wer mag das Männlein sein,
das da steht im Wald allein
mit dem purpurroten Mäntelein...“

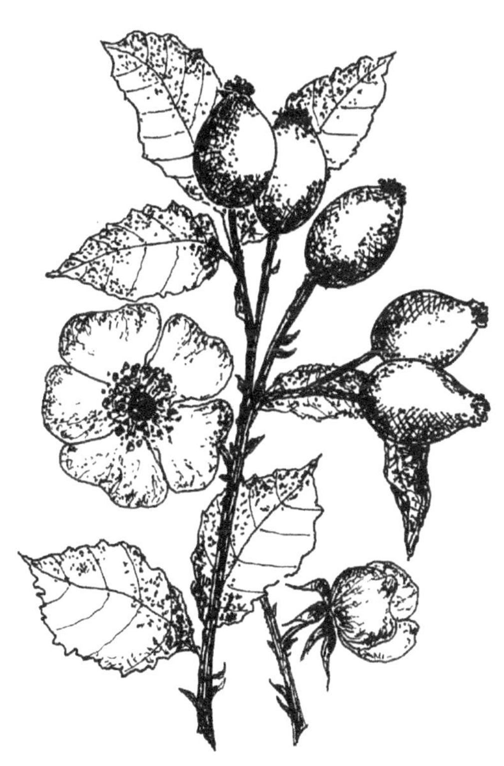

Übrig gebliebene Äpfel

„So, für ein Weilchen darfst du auch mit den anderen hier beisammen sein", sagte Konstanze und legte einen Apfel aufs Regal. Die Kastanie bestaunte die große Frucht, die sich da neben ihr breit machte, und fragte: „Was geschieht denn nachher mit dir?" „Ich werde aufgegessen", antwortete der Apfel. „O...". „Aber vorher erzählst du uns noch eine Geschichte", bat der Stein, „du kommst doch sicher auch vom Wald". „Nicht direkt", erklärte der Apfel, „mein Baum steht in einem Feld am Waldrand. Aber eine Geschichte weiß ich schon". „Dann lass sie hören, bevor dich die Konstanze wieder abholt", kicherte der Kiefernzapfen und kitzelte den Apfel an seiner rot-gelben Haut. Der räkelte sich stolz und erzählte die Geschichte von den übrig gebliebenen Äpfeln:

„Unter einem Apfelbaum im Gras kuschelten sich viele kleine, rotbackige Äpfel. Sie waren wohl vergessen worden, obwohl ihre Farbe hell aus der Wiese herausleuchtete. Bis in den späten Herbst hinein hatten sie gehofft, dass sie jemand auflesen würde. Aber nein, kein Mensch wollte sie haben. „Seht nur, wie schön rotbackig ich bin", rief einer davon, „und so etwas lassen die Menschen einfach liegen". „Ja, das ist ungerecht", meinte ein anderer, „die Äpfel von dem Baum da drüben, die großen, die haben sie abgeerntet". „Hm", machte ein dritter, „und schmecken tun die auch nicht besser, als unsereins".

Inzwischen war es November geworden. Bald würde der Winter ins Land ziehen, die Erde mit Schnee bedecken. Daran durften die Äpfel gar nicht denken: „Ach, was wird dann aus uns?"

Da kamen eines Tages ein paar Kinder des Wegs und entdeckten die übrig gebliebenen Äpfel. „Sind die schön rot“, riefen die Mädchen. Eines der Kinder bückte sich: „O, die kann ich gut gebrauchen. Mit solch kleinen rotbackigen Äpfeln schmücken wir immer unseren Adventskranz und die Weihnachtsgestecke. Kommt, wir lesen sie auf“. Sie suchten die schönsten heraus. Die anderen ließen sie liegen.

„Recht trostlos“, stellte ein etwas angeschlagener Apfel fest, „bloß wegen der paar Macken wollten sie mich nicht mitnehmen“.

„Und mich“, klagte sein Nachbar, „mich haben sie aufgehoben, aber gleich wieder weggeworfen, weil sie ein Wurmloch entdeckt haben. So empfindlich sind die“.

Dann regnete es. Ein leichter Schnee fiel und taute wieder. Die restlichen Äpfel lagen immer noch unter dem kahlen Baum, nun etwas leicht zermatscht. „Jetzt will uns niemand mehr“, seufzte der mit dem Wurmstich, „wir sind überflüssig“.

„Wer behauptet denn so etwas“, rief da plötzlich eine Amsel, „gestatten, dass ich zubeiße?“ „Aber bitte“, freute sich der Apfel, „dafür sind wir ja gewachsen“.

Und dann kamen noch mehr Vögel. Sie fragten nicht danach, wie die Äpfel aussahen, sondern pickten vergnügt in sie hinein. Und bei jedem Picken sagten sie: „Danke, es ist schön, dass ihr noch da seid. Danke, ihr schmeckt ausgezeichnet“.

Der Apfelbaum schaute dem munteren Treiben der Vögel zu. Er freute sich, dass es ihnen schmeckte. Und er überlegte, ob die Menschenkinder beim Hineinbeißen in seine Äpfel wohl auch „danke“ sagen würden.

Die Sterne sehen

Er war braun, lang und schmal und hatte Schuppen. „Ein Tannenzapfen", riefen die vom Regal, als ihn Konstanze daherbrachte. „Nein, ich bin kein Tannenzapfen", widersprach der Neue ärgerlich, „ich bin ein Fichtenzapfen. Weiß nicht, warum alle ‚Tannenzapfen' zu mir sagen. Das ist eine Kränkung für meinen Baum, der mich hat wachsen lassen. Auf einer Fichte bin ich groß geworden. Tannenzapfen kommen nicht so sauber auf die Erde herunter, wie wir. Die bröseln, aufrecht stehend, schon an den Zweigen ab. So ist das".

„Entschuldige", sagte der Stein, „das haben wir nicht gewusst". „Ich schon", behauptete der Kiefernzapfen, „aber die Menschen sagen halt immer ‚Tannenzapfen' zu denen, die von den Fichten kommen. Das haben die sich so angewöhnt". Der neue Baumzapfen wurde wieder friedlich: „Na, lasst mal gut sein". Dann schaute er sich um: „Ihr seid mir ja eine seltsame Gesellschaft". Die Kastanie gab ihm einen kleinen Schubs: „Und wenn du uns jetzt noch eine Geschichte von deinem Baum erzählst, dann bist du bei uns aufgenommen". Das ließ sich der Fichtenzapfen nicht zweimal sagen. Er faltete seine Schuppen auseinander und begann:

„In einer Baumschule mitten im Wald stand eine winzigkleine Fichte. Sie war dort mit vielen anderen Sämlingen in einem Saatbeet ausgesät worden. Nach etwa drei Jahren, als sie sich tapfer aus dem Boden herausgearbeitet hatten, wurden die kleinen Fichten allesamt umgepflanzt, kamen in ein ‚Schulbeet'. Dort standen sie jetzt, waren so zwischen zehn und fünfzehn Zentimeter groß. Einige davon gingen mehr in die Breite, andere mehr in die Höhe.

Die Fichtenkinder verstanden sich recht gut. Sie freuten sich sowohl am Sonnenschein, als auch am Regen, vor allem aber darüber, dass sie beisammen waren. Eines Tages jedoch kam der Förster und sagte: „Eure Baumschulzeit ist zu Ende. Wir werden euch jetzt in den Wald hinein versetzen". „Ich möchte aber bei meiner Freundin bleiben", bat unsere kleine Fichte. „Das geht nicht", erklärte der Förster, „ihr kommt alle an einen anderen Platz". Da weinte die kleine Fichte so viel Harz aus ihrem winzigen Stamm, dass der Förster doch Mitleid bekam: „Na gut, ich werde euch beide nicht weit von einander einpflanzen, damit ihr euch sehen könnt".

So kam es auch. Bald standen die kleinen Fichten zwischen hohen Bäumen, an denen sie aufschauen mussten. Buchen waren es und Eichen. „Werden wir auch einmal so groß wie ihr?" fragten die Fichtenbäumchen. „Klar", sagten die Buchen, „ihr müsst nur wachsen, wachsen, wachsen..."

Das taten die Fichten dann auch. Aber für unsere kleine Fichte kam auf einmal ein Hindernis. Sie stieß unter dem Boden auf einen Stein. Das war schlimm, denn durch diesen Stein wuchs ihr Stamm jetzt krumm weiter. Die andere Fichte, die Freundin, hatte diese Schwierigkeit nicht. Sie streckte sich kerzengerade in die Höhe. „Warum kann ich das nicht so gut", jammerte die kleine Fichte, „was soll ich denn da tun?" „Einfach weiterwachsen, strecken, strecken", sagte die Eiche, „du schaffst das schon".

Die kleine Fichte gab sich alle Mühe. Sie wuchs auch in die Höhe, aber unten am Stamm war sie halt doch krumm, und daran konnte sie nichts mehr ändern. Viele Jahre gingen ins Land. Die kleine Fichte trieb immer neue Nadeln und schoss in die Höhe. Sie wetteiferte dabei mit ihrer Freundin, blieb jedoch immer ein wenig kleiner, als diese andere Fichte. „Mach' dir nichts draus", tröstete die Buche, „es kommt nicht auf die Größe an“. Ja, auf was denn dann? Das musste die kleine Fichte an einem Wintertag erfahren.

Wieder kam der Förster in den Wald. Diesesmal hatte er einen kleinen Jungen dabei, und zu dem sagte er: „Da schau die beiden Fichten. Von denen darfst du dir eine aussuchen als Weihnachtsbaum“. Der Junge überlegte nicht lange. Er ging auf die Freundin unserer Fichte zu und erklärte: „Ich nehme den Baum hier. Der ist viel schöner, als der andere“. Da sägte der Förster die Fichtenfreundin ab und nahm sie mit.

Für unsere Fichte war das doppelt schlimm: zum einen hatte sie erfahren, dass sie nicht so schön ist, wie die Freundin, zum anderen war eben diese Jugendfreundin nun nicht mehr da. Die kleine Fichte fühlte sich elend, traurig und allein. Ein Käfer krabbelte an ihrem Stamm hinauf. „Für mich bist du wunderschön“, sagte er zur Fichte. Aber das war kein Trost. Es gehört nicht viel dazu, einem Käfer zu gefallen.

„Du musst wachsen, wachsen, wachsen, bis du die Sterne siehst“, riet die Eiche, „wer die Sterne sieht, vergisst alle Traurigkeit“. Die Fichte folgte diesem Rat. Sie wuchs und wuchs immer weiter, schon um die Sterne zu sehen und die Traurigkeit zu vergessen. Aber das Wachsen fiel ihr immer schwerer, ging langsamer voran. Und dann gab es auch immer wieder Enttäuschungen für den Baum. „Warum haben sich die Vögel in deinen Zweigen ein Nest gebaut und bei mir nicht?“ fragte er die Buche. Aber die konnte darauf keine Antwort geben.

Drüben am Waldrand blühte ein Wildkirschenbaum. „Warum bekomme ich keine Blüten, wie der?“ wollte die Fichte wissen. „Frage nicht so viel, wachse“, sagte die Eiche und warf ein paar Eicheln auf die Erde. „Siehst du“, rief die Fichte, „du hast wenigstens Früchte, aber ich...“. „Du musst Geduld haben. Auch du wirst einmal Früchte tragen“, meinte die Eiche. Doch die Fichte glaubte nicht daran. Bisher war ihr alles schief gelaufen. War es das wirklich?

Ein Eichhörnchen krallte sich an der Rinde unserer Fichte fest. „Meine Güte, bist du gewachsen“, zischte es, „dein Stamm ist ganz schön dick geworden. Und groß bist du jetzt. Ich werde gleich einmal an dir emporklettern, damit du auch selbst merkst, wie groß du bist“. Das freute die Fichte. Stolz sah sie an sich herunter. Nun wuchs sie zufrieden weiter, immer höher, immer höher hinauf. Dann, in einer Nacht, als sie wieder einmal ihren Wipfel ein wenig streckte, sah sie auf einmal die Sterne. Die leuchteten und strahlten. Und sie erzählten der Fichte von den weiten Welten im Kosmos, von den geheimen Kräften des Himmels und vom Wirken der Engel.

Die Fichte lauschte und lauschte. Und je mehr sie auf das Flüstern der Sterne horchte, desto stärker wurde sie ergriffen von der Größe der Welt über ihr, von dem Wunder der Schöpfung, zu der sie ja auch gehörte. Und wie sie so erstaunt und freudig zugleich zum Himmel aufblickte, da spürte sie still in sich ein Wachsen und Keimen. Bald darauf wuchsen aus ihren Zweigen Zapfen heraus, schuppige, braune Zapfen. „Ich trage ja Früchte“, jubelte die Fichte. Einige Zeit danach öffneten sich die Schuppen der Zapfen und ließen Samen auf die Erde rieseln. Die Fichte wusste, dass einige dieser Samen auch wieder zu Bäumen werden würden. Nun war sie glücklich, sehr glücklich.

Später verließen auch die Zapfen den Baum. Als sie sich von den Zweigen lösten, raunte die Fichte ihnen zu: „Wenn ihr auf die Erde kommt, dann sagt den kleinen Sämlingen da unten: es kommt nicht darauf an, schön zu sein oder gerade zu wachsen, Blüten zu treiben oder Vögel anzulocken. Wichtig ist es, zum Himmel hinaufzuwachsen, um einmal die Sterne zu sehen...“

Während der Tannenzapfen, der ein Fichtenzapfen war, erzählte, war es dunkel geworden. Und da schauten plötzlich ein paar Sterne zum Fenster herein. „Sie leuchten wieder“, sagte der Zapfen. Der alte Stein lächelte: „Ja, und sie sagen uns immer wieder, dass wir alle zur großen Schöpfung gehören, sogar ich, der harte Stein“

Alles lebt auf dieser Welt

An einem Winterabend brachte Konstanze eine Freundin mit. Die beiden Mädchen hatten eine Kerze dabei, die sie anzündeten und zwischen die Waldfrüchte aufs Regal stellten. Konstanze erzählte der Freundin, wo sie die Sachen hier alle gefunden hatte, und dann fing sie plötzlich zu singen an:

„Alles lebt auf dieser Welt,
Tiere, Pflanzen, Steine,
Wasser, das vom Himmel fällt.
Du bist nicht alleine".

„Nanu", wunderte sich der Baumpilz, „woher kennt die denn mein Zwergenlied?" „Vielleicht hört sie doch manchmal zu, wenn wir miteinander reden", meinte der Kiefernzapfen. Die Kastanie schlug vor, alle Geschichten noch einmal zu erzählen, wenn Konstanze im Zimmer ist. Die anderen waren einverstanden: „Ja, machen wir. Es könnte immerhin sein, dass sie uns doch versteht. Und Geschichten hören, ist immer gut".

Das Mädchen, das Konstanze mitgebracht hatte, zog eine Blockflöte aus ihrer Tasche und spielte die Melodie zu dem Lied, das Konstanze jetzt noch einmal sang. Und da summte die ganze Gesellschaft vom Regal begeistert mit: der Kiefernzapfen, der Stein, die Eichel, die Kastanie, die Buchecker, die Haselnuss, die Walnuss, der Lärchenzapfen, der Baumpilz, die Gräser, das Mooskissen, das Ahornblatt, die Hagebutte, der Apfel und der Tannenzapfen, der ein Fichtenzapfen war. Und noch jemand sang leise mit: es war eine Schneeflocke, die sich in diesem Augenblick an die Fensterscheibe gesetzt hatte:

„Alles lebt auf dieser Welt,
Tiere, Pflanzen, Steine,
Wasser, das vom Himmel fällt.
Du bist nicht alleine.

Leben ist im frischen Wind,
in der Flammen Scheine.
Gute Geister um dich sind.
Du bist nicht alleine.

Und es lebt und macht mich froh
auch mein Lied, das kleine.
Geht es dir nicht ebenso?
Du bist nicht alleine“.

Alles lebt auf dieser Welt

Instrumente

Singstimme

Al- les lebt auf die- ser Welt, Tie- re, Pflan- zen, Stei- ne.

Klavier

Was- ser, das vom Him- mel fä llt, Du bist nicht al- lei- ne!

Melodie und Satz: Hans-Karl Faber

Weihnachts-Anhang

Dieser weihnachtliche Anhang ist vorgesehen, falls die Geschichten wie bei dem Buch „Sternschnuppen vom Nikolaus“ als Adventskalender gelesen werden sollen. Mit Beginn am 6. Dezember reichen diese 19 Geschichten bei täglichem Lesen bis zum 24. Dezember.

Und der Wald ist dabei

Es war am Tag vor dem Heiligen Abend, da nahm Konstanze all die Sachen, die sie im Wald gesammelt hatte, vom Regal und brachte sie ins Weihnachtszimmer. Vorsichtig legte sie alles unter den Baum: „So, euch schenke ich jetzt dem Christkind zum Geburtstag“. Dann griff sie noch einmal nach dem Kiefernzapfen und hielt ihn an einen Tannenzweig: „Eigentlich müsste ich einige von euch da aufhängen, aber nein, ich lasse euch lieber beieinander“.

Zufrieden betrachtete das Mädchen ihre kleinen Freunde aus dem Wald, die ihr so viel erzählt hatten. „Danke“, flüsterte Konstanze, „danke für die Geschichten. Es war schön bei euch draußen im Wald. Und jetzt dürft ihr mit uns Weihnachten feiern“.

Der Stein und all die Gesellen um ihn herum äugten verwundert zum Christbaum hinauf. So einen schönen Baum hatten sie im Wald noch nie gesehen. „Heute Abend, wenn die Kerzen brennen, sieht er noch schöner aus“, sagte Konstanze. Und dann sang sie:

„O Tannenbaum, o Tannenbaum,
wie grün sind deine Blätter.
Du grünst nicht nur zur Sommerszeit,
nein, auch im Winter, wenn es schneit.
O Tannenbaum, o Tannenbaum,
wie grün sind deine Blätter.“

Leise summten der Kiefernzapfen und der Tannenzapfen mit. Der Heilige Abend wurde auch für die kleinen Gäste aus dem Wald zu einem wunderbaren Ereignis. Auch wenn sie nicht alles verstanden, was sie da hörten, so spürten sie doch, dass es eine ganz besondere Nacht war, die sie miterleben durften. Und die schönen Weihnachtslieder! Eines davon gefiel ihnen besonders gut: „Freu dich, Erd‘ und Sternenzelt, Gottes Sohn kam in die Welt“. „Da sind wir gemeint“, sagte der Stein, „Erd‘ und Sternenzelt, dazu gehören wir auch“.

Spät in der Nacht fingen dann die kleinen Gäste aus dem Wald noch selbst zu singen an. War es ein Wunsch, ein Traum, den sie damit ausschickten? Konstanze konnte sich auch später dieses seltsame Geschehen nie recht erklären. Jedenfalls wachte sie kurz nach Mitternacht auf. Sang da nicht jemand „O Tannenbaum“? Das Lied kam aus dem Weihnachtszimmer. Schnell stieg Konstanze aus dem Bett und schlich sich durch die Wohnung, um nachzuschauen. Und was sah sie da? Ihre Waldgäste hatten sich zu einem Chor zusammengestellt, und sie sangen, genau nach der Melodie von „O Tannenbaum“:

„O Tannenbaum, o schöner Wald,
o bleib‘ uns stets erhalten
mit all den Pflanzen und Getier,
das hoffen und das wünschen wir.
Das hoffen und das wünschen wir
von Gottes großem Walten“.

Das Mädchen staunte. Die Naturwesen hatten wohl auch so ihre Wünsche. „Ist ja klar“, dachte Konstanze, „sie sind doch lebendig, können Geschichten erzählen“. „Und sie gehören zur Schöpfung, wie wir“, das hatten die Eltern kürzlich auch gesagt. Man müsse deshalb sorgsam umgehen mit der Natur.

Halb träumend schlüpfte Konstanze wieder in ihr Bett. „Ich werde immer auf euch aufpassen“, murmelte sie und fiel dabei in einen tiefen, tiefen Schlaf.

Die kleinen Gäste aus dem Wald aber sangen weiter. Sie sangen und baten um Bewahrung vor Stürmen, Unwetter und vor der Unachtsamkeit der Menschen. Später, viel später, in den Nächten zum Neujahr hin, ließen sie sich jedoch von den Weihnachtsengeln forttragen. Wohin? Vielleicht in den Himmel. Schließlich waren sie ja ein Geburtstagsgeschenk für das Christkind. So hatte es Konstanze jedenfalls gesagt.

Neben dem Titel „**Was der Wald erzählt**“ gibt es noch weitere Bücher von Ingeborg Pilgram-Brückner

Obwohl es immer dieselben Kinder sind, deren Erlebnisse hier in den Fortsetzungen erzählt werden, ist jedes der drei Bücher in sich abgeschlossen.

Ein Kritiker schrieb zu dieser Buchreihe: „Wegweisend für Kinder von acht bis achzig.“

Band I

Geschrieben von Ingeborg Pilgram-Brückner
Gemalt von Marie-Laure Viriot
Sieben Perlen für die Zukunft
176 Seiten, Softcover
ISBN 978-3-88069-300-5
24,5 × 17,5 cm
für das Alter ab 7 Jahren

Im ersten Buch dieser Reihe „SIEBEN PERLEN FÜR DIE ZUKUNFT“ erleben Kathrin und Tobias aufregende Geschichten. Sie fliegen mit ihren Gedankenpferdchen in eine wundersame Welt. Dort lernen sie die erkrankte Zukunft kennen und erfahren, wie diese Zukunft wieder gesund werden kann.

Band II

Geschrieben von Ingeborg Pilgram-Brückner
Gemalt von Marie-Laure Viriot
Der Zauberbrunnen
104 Seiten, Softcover
ISBN 978-3-88069-313-5
21 × 14,8 cm
für das Alter ab 8 Jahren

Auf einem verlassenen Bauernhof haben Kathrin, Tobias, Patricia und Nino einen Brunnenschacht entdeckt.
Von einer alten Frau erfahren sie, dass drunten in einer geheimnisvollen Spiegelwelt, die Geister der Freude gefangengehalten werden, deshalb können sich die Menschen auch nicht mehr richtig freuen. Aber ihr könnt die Freudengeister befreien. Wollt ihr es wagen, habt ihr den Mut dazu? Sofort sind die vier Kinder bereit …

Diese Titel und das gesamte Verlagsprogramm auf
www.mellingerverlag.de

Geschrieben von Ingeborg Pilgram-Brückner
Gemalt von Marie-Laure Viriot
Das Geheimnis im Bannwald
104 Seiten, Hardcover
ISBN 978-3-88069-335-7
24,5 × 17,5 cm
für das Alter ab 8 Jahren

Die vier Kinder Katrin, Tobias, Patricia und Nino sind älter geworden. Sie haben ihre Probleme, wie jeder andere.
Da sind die Angstträume von Nino. Patricia ist unglücklich, weil sie im Musikwettbewerb keinen Preis bekommen hat. Kathrin ist mit sich und der Welt nicht zufrieden. Und Tobias, der einmal Naturforscher werden will, erfährt Geheimnisse aus einer anderen Welt.
Ein Buch, dass für junge Leserinnen und Leser und deren Eltern nicht nur interessant, sondern auch hilfreich sein kann.

Geschrieben von Ingeborg Pilgram-Brückner
Gemalt von Marie-Laure Viriot
Unternehmen Kuscheltier
Ein wunderlicher Brückenschlag zu den Kindern unserer Zeit
72 Seiten, Hardcover
ISBN 978-3-88069-344-9
24,5 × 17,5 cm
für das Alter ab 5 Jahren

Warum sind Kuscheltiere eigentlich so beliebt? Da steckt doch ein Geheimnis dahinter, und das hat mit den Zwergen, Gnomen und Wichteln zu tun. Sie machen geheime Sache mit den Kuscheltieren. Wie und warum sie sich gerade die Kuscheltiere ausgesucht haben, das wird in diesem Buch verraten. Auch wie die Kuscheltiere mit Hilfe der Wichtel den Kindern helfen, sie trösten, ihnen die Ängste nehmen können. Es sind viele kleine märchenhafte Geschichten enthalten, die zum „Weiterspinnen" anregen wollen.

Ingeborg Pilgram-Brückner
Illustrationen von Brigitte Fleck
Ach, mein lieber Garten
Vergnügliches rund ums Blumenbeet
96 Seiten, Softcover
ISBN 978-3-88069-372-2
21 ×15 cm

Dieses Buch zeichnet in heiteren Gedichten und besinnlichen Geschichten alltägliches im Garten auf, quer durch das Jahr. Der Garten ist etwas wunderbar lebendiges, wenn wir nicht nur Augen und Ohren, sondern auch die Gedichte und Erzählungen mit einbeziehen.

Geschrieben von Ingeborg Pilgram-Brückner
Scherenschnitte von Ingrid Dietz
Und wie geht es weiter
Bunte Geschichten
80 Seiten, Softcover
ISBN 978-3-88069-383-8
28,5 × 21 cm

Kinder fabulieren gerne. Sie brauchen nur hin und wieder kleine Anregungen. Dafür ist dieses Buch gedacht.

Zwölf angefangene Geschichten müssen zu Ende geschrieben und da und dort noch mit einem Bild ausgeschmückt werden. So schafft sich jedes Kind sein eigenes Märchenbuch. So werden die Kinder aufgefordert ihrer Fantasie freien Lauf zu lassen und, wenn sie Lust haben, vielleicht noch weitere Geschichten zu schreiben.

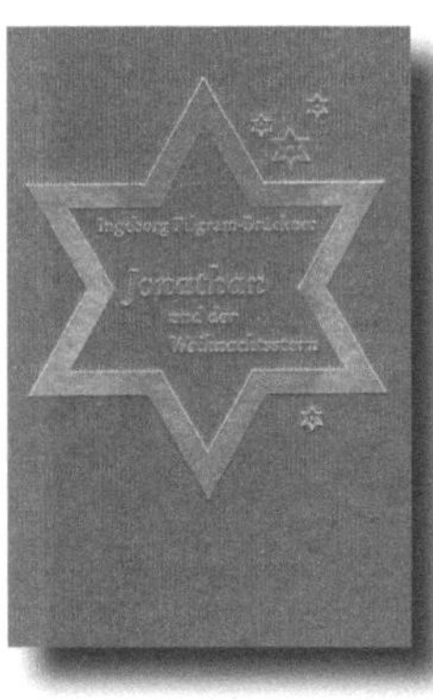

Geschrieben von Ingeborg Pilgram-Brückner
Gestaltet von Stefanie Silber
Jonathan und der Weihnachtsstern
152 Seiten, Hardcover
ISBN 978-3-88069-400-2
20,5 × 13 cm

Ein kleiner Esel sucht seinen Weihnachtsstern. In geheimnisvollen Traumnächten durchwandert ein junger Schäfer mit ihm die Erde. Dabei entdecken sie die Wunder des Lebens, entdecken sich selbst.
Weil das Märchen in der ihm eigenen Bildsprache das ausdrücken kann, was in Worten nicht zu fassen ist. So möchte auch dieses Buch mit Märchenbildern Geheimnisse ahnen und Schweigendes Sprechen lassen. Mit drei Liedern von Hans-Karl Faber.

Geschrieben von Ingeborg Pilgram-Brückner
Gemalt von Ruth Elsässer
Sternschnuppen vom Nikolaus
20 Adventskalender-Geschichten
88 Seiten, Softcover
ISBN 978-3-88069-368-5
21 × 16 cm

Dem Nikolaus passt es gar nicht, dass die Kinder in letzter Zeit so viele Spielsachen bekommen. „Das ist nicht gut für sie“, meint er, »ich mache da einfach nicht mehr mit«. Und deshalb hat der Nikolaus in diesem Jahr beschlossen den Kindern etwas anderes zu bringen. Mit Märchen und Geschichten möchte er sie durch die Adventszeit vom 5. Dezember bis zum 24. Dezember führen. Sie sollen die Kinder in fröhlicher Besinnung zum Christfest hin begleiten.

Ingeborg Pilgram-Brückner
Illustriert von Dorothea Layer-Stahl
Hilfe, ich bin ein Auslaufmodell
Heiteres zum Älterwerden
64 Seiten, Softcover
ISBN 978-3-88069-385-2
16,5 × 13 cm

Gewidmet all den »Auslaufmodellen«, die heiter und frohgemut durch das Alter gehen möchten, um mit Humor den eigenen Schwächen ein Schnippchen zu schlagen.

Ingeborg Pilgram-Brückner
Illustriert von Brigitte Fleck
Zuckerplätzchen zum Einschlafen
Bunte Geschichten für eine gute Nacht
80 Seiten, Softcover
ISBN 978-3-88069-380-7
21 × 14,5 cm

Heitere und besinnliche Geschichten und Gedichte laden zum Weiterträumen ein.

Oft verfolgen uns Tagesprobleme bis in den Abend hinein. Dann grübeln wir weiter und können nicht einschlafen. Dieses Buch möchte die Gedanken zur Ruhe bringen, Vergangenes vergessen lassen.

Ingeborg Pilgram-Brückner
Gibt es ihn, den Nikolaus?
64 Seiten, Softcover
ISBN 978-3-88069-394-4
16,3 × 12,8 cm

Um diese wichtige Frage ranken sich kleine, meist heitere Geschichten und Gedichte zum Lesen und Vorlesen in der Adventszeit.

Natürlich, liebe Kinder, natürlich gibt es ihn, den Nikolaus, den Weihnachtsmann. Und er sieht immer wieder anders aus. Welcher für euch der richtige ist, das solltet ihr selbst herausfinden. Vielleicht können auch die Geschichten in diesem Buch dabei helfen. Ich musste auch erst viel nachdenken und warten, bis ich ein wenig hinter das Geheimnis gekommen bin, das den Nikolaus umgibt. Lange bin ich dieser wichtigen Frage nachgegangen. Noch etwas will ich euch verraten: Der Nikolaus hat mir dabei geholfen.

Ingeborg Pilgram-Brückner
Illustrationen von Brigitte Fleck
Und Liebe ist immer dabei
Nachdenkliches für stille Stunden
112 Seiten, Softcover
ISBN 978-3-88069-379-1
21 × 14,5 cm

Dieses Buch zeichnet in heiteren Gedichten und besinnlichen Geschichten Alltägliches im Garten auf, quer durch das Jahr. Es sind Beobachtungen, aufbereitet zum Schmunzeln und Nachdenken, wie sie jeder machen kann. Ein Garten ist mehr als Büsche, Bäume, Rasen, Kräuter und bunte Blumen, er regt auch für Träumereien an.

Ingeborg Pilgram-Brückner
Gemalt von Ruth Elsässer
Komm, kleine Freude
Geschichten zum Träumen und zum Nachdenken
144 Seiten, Hardcover
ISBN 978-3-88069-369-2
24,5 × 17,5 cm

Fröhliche Erzählungen durch das Jahr, aber auch in die Tiefe gehende Geschichten für Krankheit und Trauer, tröstende und helfende Gedanken hat Ingeborg Pilgram-Brückner in diesem Lesebuch für Erwachsene – aber auch für Kinder – zusammengefasst. Die einfühlsamen Bilder von Ruth Elsässer spinnen die Geschichten weiter und lassen sie in Farben aufleuchten. Ein Buch, das Freude und Hoffnungsgedanken bringen möchte.

Ingeborg Pilgram-Brückner
Illustriert von Dorothea Layer-Stahl
Nikolausgruß für Erwachsene
64 Seiten, Softcover
ISBN 978-3-88069-395-1
16,3 × 12,8 cm

Heitere und besinnliche Geschichten und Gedichte zur Adventszeit bringt der Nikolaus dieses Mal den Erwachsenen.

Also spricht der Nikolaus „Wer da schon erwachsen ist, mich im Alltag ganz vergisst, dem will auf den nächsten Seiten ich Gedanken unterbreiten, die zum Weihnachtsfest ihn lenken. Das will ich den »Großen« schenken, denn ich lasse keinen aus." …

Ingeborg Pilgram-Brückner
Illustrationen von Hanne Rußmann
Leuchtend sich die Tage neigen
96 Seiten, Softcover
ISBN 978-3-88069-371-5
21 × 14,8 cm

Gedichte und Geschichten zur Herbstzeit.

Freude und Licht auszustrahlen, auch über Traurigkeiten und dunkle Stunden hinweg, dem Herbst und Winter die Sonnenseiten abgewinnen.

Ingeborg Pilgram-Brückner
Graphische Gestaltung von H. G. Lackner
Mein Sternengarten
32 Seiten, Softcover
ISBN 978-3-88069-392-0
17 × 13 cm

Sternengärten
Wo in fremder Sonne Glühen
ferne Gärten duftend blühen,
wo die Träume und Gedanken
efeugleich um Mauern ranken
und Vergissmeinnicht und Rosen,
Veilchen, Lilien sich umkosen,
wo der Liebe Blumen sprießen,
klare Wasser sich ergießen,
wird dereinst auch mich erwarten,
farbenreich, mein Sternengarten.
Was erträumt ich und gedacht
hat zu Blumen er gemacht.

Ingeborg Pilgram-Brückner
Scherenschnitte von Elisabeth Emmler
Der Tod kann uns nicht trennen
Leidvolle und frohe Erfahrungen in der Trauerzeit
86 Seiten, Softcover
ISBN 978-3-88069-357-9
21 × 15 cm, 13 Scherenschnitte

Die Autorin stellt hier, ein Jahr nach dem Tod ihres Ehemannes, zum erstenmal ein Buch mit Lyrik und Prosa vor, dessen Inhalt in eine andere Welt führt.

Ingeborg Pilgram-Brückner
Illustriert von Dorothea Layer-Stahl
Ein Gruß ins andere Land
Trost-Büchlein bei Todesfall
86 Seiten, Softcover
ISBN 978-3-88069-386-9
21 × 15 cm

Da ist nicht mehr das klagende Leid, das sie empfunden hat, als ihr Mann starb vor sieben Jahren, sondern Hoffnung, auch Freude, ein Wissen, dass Liebe nie verloren geht. Ein tröstendes, hoffnungsvolles Buch.

Ingeborg Pilgram-Brückner
Gestaltung von Stefanie Silber
Wenn die Stille singt
80 Seiten, Softcover
ISBN 978-3-88069-396-8
17 × 13 cm

Die Stille ist nicht still. Wir hören ihren Gesang nur nicht, weil wir selbst zu laut sind, zu unruhig, zu hektisch. Aber wenn wir uns auf die Stille einlassen, dann singt sie in unsere Gedanken hinein. Sie singt uns Lieder aus alten und jungen Tagen, aus Wünschen, Träumen und Hoffnungen, heitere und ernste. Sie singt uns Lieder, die aus der Unendlichkeit kommen, und sie führt uns zu unserer eigenen Melodie.

Ingeborg Pilgram-Brückner
Gestaltung von Stefanie Silber
Dem anderen Ufer entgegen
An jeder Kreuzung eine Perle, die leuchtet …
80 Seiten, Softcover
ISBN 978-3-88069-397-5
17 × 13 cm

Reisegepäck für den Weg nach „Drüben"
Einen Koffer mit guten Gedanken,
eine Harfe voll Musik,
einen Rosenstrauß der Liebe
und den Kompass des Vertrauens.

Diese Titel und das gesamte Verlagsprogramm auf
www.mellingerverlag.de